班·卡爾森
Ben Carlson
———
著

陳正芬
———
譯

把小錢
滾成大財富

愈早看破愈早財務自由的
存錢迷思

Everything You Need
To Know About Saving For Retirement

CONTENTS

各界讚譽

「年輕就是本錢，理財之初，儲蓄比投資重要。趁早學會定期存錢與自動投資，以及落實在本書中學到的知識，就能提早過上『等著領錢』的優雅好生活。」

—— ameryu ／「A 大的理財心得分享」版主

「宗教人士經常有一句祈禱文是：『上帝，你要原諒他，他不知道自己在做什麼。』這些年來，我在推廣理財教育時，也發現許多人不懂得儲蓄。懂儲蓄的人不懂投資，懂投資的人未必懂整體財務規畫（分別是保險、稅務、投資、退休、遺產等五個規畫）。許多人上完課常說，要是十年前就知道這些觀念，該有多好。好的觀念不必多，能夠讓你採取行動的，一個就夠用。本書第五章〈你最大的資產〉，作者使用莎拉和約翰的例子做出對比，這是經典之作，也是我常提醒一般投資者的，它翻轉

了很多人的觀念。書中還有其他不錯的例子，希望從本書的閱讀開始，讓你換上有錢人的腦袋！」

——闕又上／又上基金經理人

「保持簡單」是關鍵

許繼元／Mr. Market 市場先生、財經作家 www.rich01.com

　　多年前，我在一次活動聚會中認識了一位朋友，聊起財務的事情，他特別有興趣。他提到自己薪水很不錯，因為是業務工作，每月收入約 10 萬至 20 萬不等，但卻一直存不到錢，每月都是月光族，工作超過五年但存款卻不到 20 萬元。因此，他想透過學習投資理財來改善自己的財務狀況。

　　他的情況讓我感到十分驚訝，因為他的收入超過平均水準許多，但卻依然沒有儲蓄。我問他，錢都花到哪兒去了？他也無法詳細回答，但從租屋和車子的花費等地方，可以看出雖然他不斷說自己想要儲蓄、想累積金錢以達成財務自由，但實際上並沒有為這個目標採取任何行動。

　　「對許多人來說，光是下定決心存錢，就已經是整個

過程中最困難的了。」

光是知識絕不足以改變行為

談到健康與減重，我們都知道要規律飲食、適度運動、減少攝取糖分，這些知識並不困難，方法也確實有用，但如果沒有進行計畫與採取行動，人們並不會因為知道這些知識，就變得更健康、身材更好。

在財務領域也是一樣，支出不應大於收入，要有紀律地保持儲蓄及投資，避免大筆花費或過度舉債，這都是累積財富的重點。然而，只是知道這些，並不足以改變我們的財務狀態。那麼具體來說，該如何行動呢？

知識要搭配計畫與行動才有意義。只有足夠簡單的事情，才更有可能確實執行。

我自己多年前剛開始學習投資理財時，也曾經產生同樣的疑惑：「市面上投資方法琳瑯滿目，倘若這些方法如

此有用，為什麼人們依然無法容易地取得財務上的成功？」

在本書中，作者想傳達一個觀念：我們並非缺乏正確知識，而是沒有意識到一些簡單原則的價值，也沒有對此採取正確的行動。

「在你真正嘗試付諸實行之前，任何理財建議聽起來都很簡單。」有些人甚至會認為有某些神奇的方法，可以讓自己快速致富，為此去追求一些複雜的投資技巧。這就如同追求在幾天內減掉十公斤或體脂率快速下降的技巧一樣。

「保持簡單」是關鍵

複雜的方法也許有用，但也因為複雜，可能導致出乎意料的成果。簡單並不代表容易執行，但它更容易預測，而且也確實有用。本書作者提供幾個最簡單的原則：

- **把收入的二位數百分比存起來**：提早開始將至少 10% 的收入存下來，並保持一定的儲蓄

率。畢竟投資和收入有各種不確定因素，但能
存下多少錢絕對是確定的。要盡早開始儲蓄並
理解投資。

- **讓儲蓄和投資盡量自動化**：自律和意志力並不
  可靠。要盡可能將一切流程自動化，讓儲蓄像
  是訂閱網飛的自動扣款一樣，減少意志力的消
  耗及人性的影響。
- **保持長期思考，別當自己的絆腳石**：邁出行
  動，長期保持紀律以實現計畫。要體認到其中
  最大的阻礙並不是知識，而是自己。

「對一般存退休金的普通人來說，真正的財富來自
儲蓄、複利及等待。」這看似是非常簡單的原則，也正因
為看起來簡單，人們並沒有意識到自己其實無法承諾做到
它。就和減重一樣，人們天生就是在執行上缺乏紀律、行
為容易受到情感影響，而認識到這些問題，就是普通人改
善財務的關鍵。

關於財富，投資其實是最後一個步驟

　　包括我自己在內，許多人在剛出社會及開始學習投資理財時，都認為投資技巧是改變自身財富的關鍵。但是，持續學習及實際執行一段時間後，會逐漸意識到並非如此。

　　「存錢依舊是遠比投資重要。」如同本文一開始提到在聚會中認識的朋友，即使有超出平均的高收入，卻依然沒有累積起與收入相對應的財富。沒有儲蓄的情況下，即使想要投資也必然缺乏本金。

　　如果去觀察身邊許多成功累積財富的人士，你會發現，其中許多人甚至沒有投資，但他們必然都有確實地執行長期儲蓄。

　　投資並非不重要，但順序應該是擺在儲蓄之後，為自己的儲蓄錦上添花。關於投資，書中有兩個觀念特別值得思考：

把小錢滾成大財富

- **不要假設你的退休金能完全支應你的生活所
  需。**意思是做退休計畫時，應該盡量保守估
  計，而不是算得「剛剛好」。
- **要在「短期穩定」和「長期成長」的兩項需求
  之間取得平衡。**過度追求穩定，可能導致報酬
  率低落，甚至無法抵抗通膨。過度追求成長，
  波動性可能會過大，導致結果偏離預期或是自
  己無法承受。

本書作者的另一本著作《投資前最重要的事》也是
我最喜歡的書之一，書中充分討論了投資前必備的各種知
識，若想要更進一步了解投資，這本書也十分值得推薦。

最後，希望這篇推薦序，能夠讓正在閱讀的你，更加
了解作者想傳達的理念。

累積退休資產，小心欲速則不達

綠角／財經作家

　　如何成功累積可以安心退休的財富？目前的討論，大多將重點完全放在投資上，譬如好好選股、創造高報酬，即使小資族也能滾出大資產；或者，討論如何投資高股息股票與高配息債券，用配息支應生活費。

　　然而，許多人沒注意到的是，資產成長有兩個動力來源，第一是自身的投入，第二是投資的報酬。為什麼後者成為大多數人關注的焦點，卻幾乎沒什麼人談「如何增加投入」？因為增加投入是條辛苦的路。為了拉高儲蓄率，投資人需要節約度日，或是精進自身能力，以取得更高的工作所得。

　　這太累了。與其要求自己，不如要求金融市場。靠投資操作，創造更大的財富，不是更輕鬆簡單嗎？

不過，這種想法反而可能對累積退休資產造成阻礙。第一個問題，就是**忽略自身投入的重要性。**

作者在書中提供了清楚的計算範例，讓讀者了解，增加儲蓄對終點資產的影響力，跟提高投資報酬相比，毫不遜色。

假如你對金融投資有比較深入的了解，你會知道長期下來，經過三四十年，要讓主動投資年化報酬率勝過市場1％有多困難，即便是專業基金經理人也很難達成。但如果是儲蓄率，你就可以完全掌控。

與節約相比，更可觀的資產成長效果來自於收入增加。基本生活開支是一個相對固定的數字。月收入 50,000 元的人，假如每月固定開銷是 30,000 元，那麼他每月有 20,000 元可以投資。假如月收入成長到 100,000 元，月開銷維持 30,000 元的話，每月可投資金額會拉高到 70,000 元，是原先 20,000 元的 3.5 倍。可投資金額的增長，會帶來龐大的資產成長動力。

自己的投入，是不可忽略、也不應忽略的退休資產累積途徑。

第二個問題，則是**對投資有太美好的想像**。假如主要是靠投資報酬來累積退休資產，很多人自然會想要高報酬，譬如嘗試買到下一個亞馬遜、下一支特斯拉的股票，這似乎是資產倍增的捷徑。

對於投資個股的風險，作者舉了一個例子。2000年，奇異公司（GE）是美國市場價值最高的公司，規模幾乎是第二大的公司埃克森美孚（Exxon）的兩倍。但是到了 2020 年底，奇異公司的股票帶來 15 年、累積 -3.18％的報酬，市值排名掉到第 73 名。

當前看來不可或缺的公司是否會永遠稱雄，前景看好的公司是否會一直處在順風位置，都沒有任何保證。

若你去選個股、幻想著超高報酬，獲得的恐怕往往是落後市場的成果。

第三個問題，是**忽略時間的重要性**。一樣 10％ 的報酬，假如投入 100 萬，是 10 萬的獲利；但假如投入 2,000 萬，就是 200 萬的獲利。

投入的金額愈多，一樣的報酬率會帶來更可觀的資產成長。也就是說，在整個資產累積的過程中，市場報酬真正能發揮大作用的時候，是在後期。當你已經投入了二、三十年，靠著自己的投入與之前的市場成長，累積了相當分量的資本之後，屆時市場報酬帶來的資產成長，可能會超乎你的想像。

然而，假如只想著提早退休、短時間內賺大錢，就很難體會與實現在資產累積後期的龐大資產成長效果。

若只注重投資所帶來的資產成長，很可能會花費大量心力研究投資，對本業投入不足，造成工作與事業難以進步，這等同於放棄累積退休資產時，「自身投入」這個重要的動力。

如果只靠投資來達成退休目標，難免會去追求一些看來可能有高報酬的投資方法，甚至一心以為，只要認真研究就會有高報酬，最後卻忽略了長期勝過市場是一件多難的事。

多年之後，當投資人發現自己的收入沒有成長，投資的希望也落空時，退休將成為一個更遙不可及的夢。這時，投資人也會發現，自己已經失去資產累積的最大助力，那就是「時間」。

偏差的退休資產累積方法，反而可能帶來低劣的成果。不要讓那些「只要做好投資就能提早退休、財富自由」的常見言論，造成自身的認知偏差，因而忽略了自己投入的重要，以及對投資績效有太樂觀的預期。

欲速則不達。想要快速地藉由投資操作，進而短期致富、成功退休，對大多人來說，恐怕就是一條「不達」之路。

本書讓讀者以持平、正確的角度，看待達成退休資產累積目標的兩條路徑：**自己的投入與市場的成長**。確實地

把小錢滾成大財富

投入工作，取得事業成果與對應的收入成長。投資時採用有效的低成本指數化投資工具，就可以簡單地取得市場報酬。

同時採用這兩個資產成長的動力，才能確實累積財富，進而達成退休目標。前者，讓人取得事業的成就；後者，讓人取得投資的成果。

你必須同時注重工作所得與投資獲利。本書講的，不只是資產累積的方法，也是人生成功之道。

前言

你只能靠自己

從現在開始，直到進入 2030 年代，美國每天將有高達 10,000 名的嬰兒潮世代來到 65 歲，相當於每年有 400 萬人屆退休年齡，而其中絕大多數的人，還沒有為下一個人生階段的財務做好準備。

　　55 歲至 61 歲的美國人當中，有半數人存不到 21,000 美元的養老金；50 歲至 55 歲的美國人，則有半數存不到 11,000 美元的養老金，而半數美國家庭連養老金的存款都沒有。有四分之一的年長者，只仰賴社會安全生活補助金來支應退休後的日常開銷；約 50％的年長者，至少有一半的退休所得來自社會安全生活補助金。

　　年輕人也好不到哪裡去。18 歲至 29 歲的美國人之中，有 40％以上沒有存養老金。25 歲至 44 歲的美國人普遍認為，他們的財富比 1989 年時的同齡者少 25％至 50％。1990 年，40 歲以下的美國人持有股市 13％的股票，2020 年降到 4％。平均而言，千禧世代的所得和淨值，低於父母在他們那個年齡的時候。

造成上述財務問題的成因，本身就可以被寫成一本書，以下舉出退休危機即將席捲眾多美國人的四大理由：

問題❶
退休仍然是相對新的概念

1870 年，只有 34％的男性活過 65 歲，他們絕大多數仍在工作，且往往從事勞力活。格蘭特（Ulysses S. Grant）當總統時*，65 歲至 75 歲族群的勞動參與率高達 88％，80 幾歲的美國人約半數仍在工作，因為大部分的人並沒有退休的概念。

19 世紀末，能過上兩三年退休生活算是幸運的，因為大部分的人是工作到死。隨著坐六望七的人愈來愈多，退休的概念也應運而生，如果你的父母或祖父母經歷過二

---

* 譯注：尤利西斯·格蘭特為第 18 任美國總統，任期為 1869 至 1877 年。

次世界大戰,他們很可能是家族中第一個思考「退休」這件事的人,就像今天的我們。第一波退休族的財務規畫,與今日的我們大不相同,前幾世代的許多退休族,還能寄望僱主發給退休養老金並支付醫療費用,如今已不再是如此。

人類的壽命屢創新高,這是把雙面刃。一方面,醫療和科技的進步,意謂大部分的人與所愛之人共度的時光遠比祖先還要長;另一方面,現代人需要用錢的時間之長,是過去所不曾有的。

社會安全制度在 1930 年代推出時,目的是為絕大多數參與者提供幾年的經濟保障。1960 至 1990 年間,從退休到死亡平均約 13 年,如今則平均超過 20 年,換言之,有很高比率的退休人口所過的退休人生超過 20 年。

由於退休仍是相對新的概念,因此,能夠在心理和理財方面作為這個人生階段的典範少之又少。個人理財是你可以培養的一大生存技能,但卻沒有人專門負責教你怎麼

做。美國只有六個州要求學生至少要修一個學期的個人理財課程；**學校教導各種語言，卻不教金錢的語言**，大部分的人都在盲目摸索，殊不知，一個人一生只有一次機會可做退休規畫。

問題❷ 你只能靠自己

1978 年，美國國會通過稅收法案（Revenue of Act），降低了個人所得稅的課稅級距，當時沒有人能想像這項法案將徹底改變美國人儲存退休金的方式。在這份 200 多頁的文件中，附加了短短的 900 字，用以限縮高階主管的薪酬福利（劇透：結果沒有達到效果）。

當時，有一位名叫本納（Ted Benna）的保險顧問，發現受僱者和僱主在提撥退休金時，可以利用此部分的法條享受遞延所得稅。一開始，銀行在移轉紅利給員工時，利用本納的發現以達到所得稅效率，後來，其他企業慢慢替

員工想出一個遞延所得稅的職場退休選項,於是,確定提撥 401(k) 退休計畫誕生。

若要說「每個人」都曾被納入退休金計畫,確實言過其實,但前幾世代的人數的確多了很多。1980 年代初,約六成的美國勞動人口可以指望拿到養老金,如今降到近 17%,而且還在下降中。現在絕大多數的勞動者仰賴 401(k),要不就只能自掏腰包,管理自己的確定提撥退休計畫。

早期大約有 50% 的受僱者得以加入這類計畫,並期望達到 95% 的滲透率,如今,不到半數的勞動者為僱主退休計畫的一員。美國的總勞動人口中,僅三分之一的人加入 401(k) 或類似計畫,來儲蓄退休金。

基於各種名目的退休金變少,加上大眾普遍缺少個人理財教育,因此你只能靠自己儲蓄並規劃退休養老金;然而,這麼做的人並不多。

這件事簡單，但不容易

　　打高爾夫球是簡單的事，只要擺好姿勢，屈膝，緩緩舉起球桿，保持頭部朝下，順勢擊中小白球即可。維持良好的身形和減重是簡單的事，只要規律運動、飲食健康。累積財富也是簡單的事，只要賺多花少，把剩餘的錢存起來，做長期投資。

　　人生許多方面都可以歸納成簡單的原理或步驟，既然如此，為什麼不是每個零差點高球員都擁有六塊肌與令人稱羨的財富？因為簡單不等於容易。傳奇高球好手瓊斯（Bobby Jones）說得好：「高爾夫球運動主要是在五吋半的球場上進行，也就是你雙耳間的空間。」飲食控制和運動，都需要過人的意志力和極度嚴謹的紀律；把錢財打理好，也是看似容易做來困難，因為金錢會影響人生的方方面面。

　　成為人生勝利組，絕不是只靠一堆雕蟲小技，也不是Instagram上用美麗背景襯托的勵志名言；儲存退休養老金

是件簡單卻極度困難的事，因為先苦後甘毫無樂趣可言。

前美國總統艾森豪（Dwight Eisenhower）曾經談到他當選後如何替總統的職責排定優先順位：

> 問題有兩種，緊急的問題和重要的問題。緊急的問題不重要，而重要的問題永遠都不緊急。

財務問題是重要的，包括退休規畫、儲蓄、編制預算等，但這些問題很容易被忽視，原因是直到最後一刻，你才會驚覺火燒眉毛。相反地，你會去檢視一大堆無關緊要的事項，這些事在短期內會帶給你成就感，但長期而言對你的成功無所助益；當你沒有一個周全計畫作為行動指導方針，便很容易只專注於短期，而忽略了長期。

問題❹
你我皆凡人

大部分的人都樂於學習個人理財，一如喜歡做大腸鏡

檢查。的確，是人都在乎錢，但卻很少人對個人理財或理財素養的基本要領感興趣。人們想知道如何致富，卻不想知道資產配置或遞延所得稅退休帳戶的運作方式；人們希望做幾個理財決策就天下太平，卻不想養成關注財務狀況的習慣。對理財不感興趣是很正常的事，但不表示你可以忽視它，同時又希望財務狀況會奇蹟似地好轉。

把錢財理好的困難之一，在於你的處境、家庭的金錢觀、信念、文化和個人經驗，這些都可能使你無法對金錢管理有清晰且明確的看法。人幾乎不可能客觀看待自己的缺陷，因為人對極度在意的事物無法保持客觀。

哈斯妥爾夫（Albert Hastorf）和坎特利歐（Hadley Cantril）的劃時代研究說明了這點，他們研究了 1951 年 11 月的常春藤聯盟足球賽中，球迷對普林斯頓大學隊和達特茅斯大學隊的反應。由於這場對抗賽對兩隊來說都是本季最後一場比賽，因此從開球起就殺氣騰騰，整場比賽中，裁判忙著舉旗裁處雙方隊伍；普林斯頓的明星球員被打斷鼻梁而退出比賽，達特茅斯的球員則是大腿骨折、被

抬上擔架，雙方殺紅了眼。球賽結束後（最後是普林斯頓獲勝），教練和球員交相指責，將球場上的火爆演出歸咎於對方。

比賽過後一個星期，研究員詢問出賽的學生，哪一隊對這場不堪的比賽要負較多責任。即使讓學生再次觀看比賽的實況錄影，每一組受訪的學生還是對發生的事做出不同結論，普林斯頓的學生斷言，達特茅斯的球員對違規要負兩倍的責任，而達特茅斯的學生則認為雙方都有錯。換言之，兩組人觀看一模一樣的比賽，卻對違規做出截然不同的結論。類似事情的真相大多是見仁見智，然而人們眼中的世界卻是非黑即白。

上述故事跟退休儲蓄有什麼關係？**人們無法客觀處理涉及情感的決定或事情，而金錢是世界上最容易受情感牽動的事情之一。**在編制理財計畫時，金融市場的歷史、統計數字、試算表和機率全都有幫助，但如果不了解自己，以及行為和決策的心理運作，那麼這些全都發揮不了作用。人的內心有個隱微的自己，等著搞砸自己的理財決

策；它被稱作盲點，原因是我們自己看不見。

有情感不是壞事，人之所以為人，就是因為有各種情感。理財作家茨威格（Jason Zweig）說：「我認為，人既非理性，也非不理性。人就是人。我們不喜歡把事情想得太困難，而且永遠有事情需要去關注。」

這就是大部分的正常人努力為退休而儲蓄時所遇到的困難。你有其他事要傷腦筋，你要工作，要照顧家人，要跟朋友交際，要追劇；與其窮盡時間與精力來搞懂自己的財務，你有更想做的事要做。

因此，我會盡量用簡單的方式，帶著你逐一檢視，一般人在為退休金做儲蓄和投資時需要知道的事。為了讓自己未來有機會達到財務自由，你得做到三件重要的事：

1. 至少要把所得的 10％存起來（最好是 15 ～ 20％）。
2. 讓儲蓄和投資自動化。

3. 所想所做的事，都要為長遠做打算。

這三件簡單但不容易的事，並不會使你一夜致富；你需要按部就班，而不是耍小聰明。這三件事枯燥無味，最困難的是，一不小心就會誤入歧途。

本書的目標，是幫助讀者去除過程中的一些壓力、困惑和煎熬，這不盡然是容易的，但我會盡量把它變得不痛苦。我會幫助你做幾個重大的決定，使你更清楚自己有哪些選項，同時維持正常生活，並專注在更重要的事情上，讓你的錢替你賺更多錢。

Chapter 1

存錢之必要性

1940 年代，迪克和馬克·麥當勞（Dick and Mac McDonald）兄弟開了一家得來速餐廳，經營模式是仿照他們經常光顧的一家位於加州聖伯納迪諾（San Bernardino）的熱狗攤。

1940 年代末，麥當勞兄弟順應國內趨勢變動，決定重組事業。他們發覺二次世界大戰後，美國興起的中產階級往郊區遷移，而通勤時間和家庭成員的增加，加速了人們的生活步調，大家不想花太多時間等待食物，於是麥當勞兄弟把廚房改裝成裝配線，只生產漢堡、薯條和奶昔，還將食物準備程序機械化，因而發明了速食，也正是你所知道的麥當勞。

克洛克（Ray Kroc）是奶昔製造機的業務員，他看到這種商業模式的潛力，於是想方設法在 1954 年當上這家餐廳的加盟代理商，替餐廳開疆闢土。麥當勞兄弟沒有鴻圖大略，最後，野心勃勃的克洛克收購他們的股權，讓麥當勞搖身一變成為全球一大知名品牌。

多年後，克洛克被問到，當初為什麼要先成為麥當勞兄弟的夥伴後，才買下他們的股份，而不是乾脆複製他們的制度；部分原因是，多年來，克洛克在從事電器銷售員的過程中，經常往來於數千家廚房，而麥當勞餐廳的營運方式，絕對是他所見過的翹楚。不過，名字本身也是一大考量，克洛克覺得麥當勞聽起來比較順耳，一家名為克洛克的連鎖店，就沒那麼吸引人。

我們賦予某些字詞的意涵，可能會改變人們對於這些字的感受，一如麥當勞相對克洛克，大麥克（Big Mac）要比大克洛克（Big Kroc）順口多了。

「儲蓄」一詞，就好比個人理財界的大克洛克，很多專家在解釋儲蓄的優點時，會讓人想到「縮衣節食」和「先苦後甘」。「縮衣節食」是小氣的另一種講法，沒有人喜歡被貼上小氣鬼的標籤，而當你明明就可以現在享樂時，先苦後甘聽起來也挺糟的。看來需要另請一家廣告公司，來宣傳儲蓄的好處。

德雷柏（Don Draper）＊會用以下方式來行銷「儲蓄」的概念：儲蓄能讓你買到世上最寶貴的資產——時間。**時間是世界上最珍貴的資源，也是其他資源無法相提並論的唯一資源**，每個人每天所能工作的時間有限，儲蓄使你未來更能掌控時間的利用方式，包括做喜歡的事、跟家人和朋友相處、去好玩的地方旅行、再也不用去上班。

儲蓄能使你未來去做想做的事，而且不必太擔心你的決定對財務的影響。現在多存一點錢，代表財務自由時的經濟更寬裕；存愈多等於花愈少，這是一體兩面的事，儲蓄是邁向財務自由的頭等艙車票。

儲蓄不僅使你未來擁有更多自己能支配的時間，也為目前的生活提供緩衝墊，**當人生中原先美好的計畫無可避免地發生阻礙，儲蓄會提供安全保障**。生活本來就充滿壓力，而財務問題可能使情況雪上加霜，當老天投了一顆變

＊　編注：美國電視劇《廣告狂人》（*Mad Men*）的主角。

把小錢滾成大財富

化球，你最不想擔心的就是錢的事，因為金錢問題會使壓力更加沉重。

問題在於，大部分的人在思索儲蓄的理由時，想得不夠深。「致富」看似是合理的答案，但是，不同的人對於「過富裕的生活」有不同的理解。某個數字無法使你富裕。如果你一直都有金錢壓力，無論你有多少錢，只要還在為錢擔心，你就不是富裕的人。花錢可能會使你短暫沉浸在幸福感中，然而，買東西所帶來的心情悸動，卻會快速消失。

存退休金對有些人來說似乎是不可能的，有些人甚至認為是遙不可及的事，但如果你的思考角度，是買到多少單位的時間或自由，而不是多少單位的金錢，就可以做出適切的決定。人大多想致富，但我們只要努力使自己不貧困終老就夠了，或者更好的是，定義出你自己所認為的「富裕」。

如果你還沒開始做，別擔心，只要做對幾件小事，就能逐漸步上正軌。

Chapter 2

積少成多的力量

個人理財專家的許多建議，都會給人「何不食肉糜」的感覺。

- 你為什麼就是不能賺多一點、花少一點，把剩餘的錢存起來？
- 你為什麼還要每天去星巴克買拿鐵？
- 你知道如果不訂網飛（Netflix），可以省下多少錢嗎？
- 你只需要把錢投入股市，然後放著，就是這麼簡單！

大部分的理財建議都行不通，原因是這些建議讓人覺得自己有點糟。在你真正嘗試付諸實行之前，任何理財建議聽起來都很簡單。你的財務可以、也應該被簡化，但這絕非易事，因為涉及人性的因素在內，再加上選擇多到讓人難以招架，你不曉得什麼時候該開始做、該開立哪些帳戶、哪些是正確的投資標的，以及當你總算決定要儲蓄的時候，該怎麼處理你的錢。對許多人來說，光是下定決心存錢，就已經是整個過程中最困難的了。

等我準備好，就開始存錢。

存錢？在這種經濟狀況下？

當制度想欺騙我時，存錢有什麼意義？

你知道最近的利率嗎？存錢的意義何在？

　　人在不知所措的時候，經常會忽視自己的財務，或者刻意聚焦在小事情上，結果就永遠跨不出第一步。但是，**「開始做」是關鍵，因為當你做對幾件小事，就能訓練你的頭腦看見正向結果，轉變成可長可久的習慣。**

　　當游泳教練波曼（Bob Bowman）開始輔導傳奇游泳好手菲爾普斯（Michael Phelps）為進軍奧運做準備，他們便試驗從小處開始，讓菲爾普斯養成正確的心態。波曼向作家杜希格（Charles Duhigg）提到：「我們最後明白，最好的做法是專注在一些小成就上，當小成就積少成多，就會成為精神力的觸發點。我們把這變成一種例行的程序，每場比賽前，我們會做一連串的事，這些事的目的，是給菲爾普斯一種獲勝的感覺。」

給自己勝利感，使自己看到進步，從而啟動更多各式各樣的小成就，最終變成一種例行公事，這會使你成功，並轉變成巨大的成就。

開始存錢也是如此。有一群研究人員運用小成就的力量，幫助大家省下更多錢。他們發現，決定「每天省 5 美元」比決定「每個月省 150 美元」，更容易使消費者省錢。兩者基本上是相同的，但是，同意每天省 5 美元的人數，是承諾每個月省 150 美元的人數的四倍多。

如何措辭跟計劃存多少錢一樣重要，償還負債也是同樣道理。**當你著手去做，小成就便會如雪球般滾成大成功。**

我大學畢業後的第一份工作，年薪是 36,000 美元，扣除房租、為訂婚戒指存的錢、償還學貸和購買人生第一輛車後，沒有多少錢能用來存退休金。當時我受僱的小公司沒有 401(k)，於是我在工作一年多後，開設了一個 IRA 帳戶（individual retirement account，個人退休帳戶），開

始走上儲存退休金之路。

由於我能存的錢不多，因此只是每個月存 50 美元到一家收費低廉的基金公司所賣的目標日期基金（target date fund），50 美元並不多，我花了很長一段時間才看到成果，但我為自己的行為感到驕傲，錢也愈滾愈多。

隨著收入愈來愈多，我逐漸增加儲蓄金額。每當我獲得加薪，就提高儲蓄率，一來可避免養成奢侈的習性，二來能增加存款金額。我花了很多年才達到理想的儲蓄率，所得隨時間增加當然有幫助，然而，我為了養成良好的理財習慣所做過最棒的事，就是「開始存錢」。

一開始的小成就，能幫助你養成正確的習慣，為最終的目標儲蓄金額定調。克利爾（James Clear）在其著作《原子習慣》（*Atomic Habits*）中，說明微小進步的力量：

> 微小的進步會隨時間帶來令人驚訝的大改變，原理如下：如果你在一年當中每天進步

1％，在一年結束時，你會比以前好 37 倍，相
反地，如果你在一年當中每天退步 1％，最後幾
乎等於零。一開始的小進步或小挫敗，會累積成
巨大的成功或失敗。

一天只進步 1％，一年過後會使你進步 37 倍，這件
事說得容易做得難，但也說明經年累月的微小進步，能夠
帶來多大的成果。說到馬拉松訓練，沒有人是從一天跑 42
公里開始，儲蓄也是。

假設你從所得 3％ 的儲蓄率開始，以穩定提高儲蓄
率為目標，當你從第一年的 3％ 提高到第二年的 4％，就
相當於提高 33％ 的儲蓄率；從 4％ 到 5％，等於年增長
25％；5％ 到 6％，則增加 20％。

剛開始存退休金時的目標，是每年儲蓄率的增加
幅度要大於股市的歷史報酬（過去 90 年間平均 8％ 至
10％），直到儲蓄率達到穩定狀態（詳見第 5 章）。

把小錢滾成大財富

趁年輕時養成儲蓄的好習慣，也比較不痛苦，這點很重要。心理學家已證實，因為損失而感受到的「痛苦」，會是因為獲得而感到的「快樂」的兩倍。如果拖到年紀較長才開始存錢，而且還沒養成儲蓄的習慣，存錢會讓你覺得好像損失了收入。因此，年紀較大才開始儲蓄，會帶給你兩倍的不快感，你會覺得自己的所得變少了。

在理財生命週期之初，絕大多數的獲利並非來自高明的投資策略，而是儲蓄率。

下一章告訴你原因。

Chapter 3

何時該開始存錢？

根據富比士 400 大富豪排行榜（Forbes 400），巴菲特（Warren Buffett）在 1990 年即將度過 60 歲生日時，他的淨值近 40 億美元。30 年後的 2020 年，90 歲的巴菲特淨值高達 700 多億美元（而且是扣除了數百億美元的慈善捐款後）。換言之，巴菲特的淨值有將近 95％是在他 60 歲以後創造的。

　　等我們說明完簡單的例子後，再來探討這點。

　　大部分關於退休的計算，所需輸入的資料相當簡單，只要輸入目前已儲蓄的金額、目標儲蓄額，以及假設的報酬，計算機就會根據上述假設的輸入資料，得出未來值。

　　用這個方法來判斷退休前要存多少錢，並不周全，因為人生不是一直線的。退休金的計算簡單明瞭，真實世界卻是錯綜複雜。規劃退休時，需要重視的是正確（在預想範圍內），而不是精確（分毫不差），不過，計算數字可以讓你大致了解，你的儲蓄習慣對於創造長期財富的影響。

了解這點後，請看以下典型的退休規畫計算，這是假想某位年輕人的未來展望。假設你在 25 歲開始存錢，目標是 65 歲退休。一開始，你把年薪 40,000 美元的 12％存起來，每一年增加 3％。

上述假想的退休金計算，到最後會存下多少錢？答案是，起步早加上高儲蓄率，年屆退休時會存下超過 150 萬美元。

開始的年齡	25
退休年齡	65
年報酬	7％
年增率	3％
起薪	40,000 美元
所得儲蓄率	12％
總儲蓄金額	377,584 美元
最終餘額	1,524,564 美元
來自儲蓄的百分比	25％
來自投資的百分比	75％

由此可知，穩定的二位數儲蓄率，加上不錯的投資報
酬和合理的複利，使這個例子的假想主角在年屆退休時，
成為百萬富翁。

看到這些數字會使你相信，你的投資報酬占了很大比
重，因為四分之三的最終儲蓄額來自複利的投資收益。不
過，把上述結果切分成不同時期，會有不同的發現。

以下是 25 歲開始儲蓄，到 35 歲時的情況：

年齡	35
餘額	87,135 美元
來自儲蓄的百分比	71%
來自投資的百分比	29%

在剛開始那 10 年，你存入退休帳戶的金額，構成餘
額的大部分。以下是 45 歲的情況：

年齡	45
餘額	274,932 美元
來自儲蓄的百分比	50%
來自投資的百分比	50%

　　要經過 20 年以上，投資收益對餘額的貢獻才會追上儲蓄。

　　計算退休金時，隱藏著一個看不見的複利，也就是絕大多數的成長，會出現在接近退休年齡、累積起夠多的餘額時。在儲蓄和投資的最後 10 年間，你會看到價值如下變動：

56 歲時的餘額	739,559 美元
65 歲時的餘額	1,524,564 美元

　　上例中，最後 10 年（56 歲至 65 歲）的投資收益達660,000 美元，占最終餘額的 40％以上。

巴菲特的例子就是這個原理。跟巴菲特做比較，顯然會讓人不爽，因為這位奧馬哈的股神（Oracle of Omaha）*是地球上的前幾大富豪；然而，巴菲特的資產成長和上述退休金計算的例子，都顯示金錢是緩慢成長，直到累積到一定數字後，才會隨著複利作用而一飛衝天。

對一般存退休金的人來說，真正的財富來自儲蓄、複利及等待，這是要花時間的，而且不容易，可能要幾十年才看得到豐碩的成果，比大部分人期待的久多了。

儲蓄比投資重要，但儲蓄無聊，投資則充滿變化。隨著人均壽命的提高，人們比以前更需要具備耐心的美德，並且了解自己未來的時間漫長。

這個基本的例子還提供了幾個啟示：

- 聚焦在金融市場上多幾個百分點的投資報酬比

---

* 譯注：巴菲特的綽號，因為他住在美國內布拉斯加州的奧馬哈。

較令人興奮,殊不知,你在職業生涯的前幾十年能存多少錢,遠比投資策略更重要。

- 在前面的例子中,把收入的儲蓄率從 12％增加到 15％,對於最終餘額的效果,幾乎等同於每年提高 1％的投資績效。20％的儲蓄率等於每年的市場報酬超過 2％。在投資上賺取較高報酬,比存更多錢困難許多;你能掌控儲蓄率,但卻無人能掌控市場的變化。

- 把複利拆成不同的時間區間,足以說明堅持長期儲蓄和投資計畫的力量。每次市場的波動似乎都可能使你賺錢或虧損;事實上,提高儲蓄率的簡單動作,長期下來能為財富帶來巨大的影響。

- 一份研究發現,能夠成功地退休,有近四分之三可以歸因於個人的儲蓄比率,其餘才是投資標的及資產配置的選擇。對絕大多數人來說,儲蓄比投資更重要。

如果你不存錢,你是不是巴菲特第二,就不是重點。

錢才會生錢，儲蓄永遠在投資之前。話雖如此，你究竟為
什麼要為了投資而存錢呢？

　　下一章將探討這個問題。

把小錢滾成大財富

Chapter 4

為什麼要投資？

1970 年的電影票大約 1.5 美元，如今接近 10 元，等於 50 年間上漲超過 550％，年增率近 4％。1970 年的新車平均價為 3,500 美元，一加侖汽油為 36 美分；2020 年的平均車價 38,000 美元，每加侖汽油 2.2 美元，分別上漲 986％和 511％。

關於理財，儲蓄比投資重要，但如果你希望提高生活水準，就得使金錢的成長遠大於通貨膨脹率。若你只是把錢埋在你家後院，在 3％的通貨膨脹率下，存款的幣值在 23 年後會腰斬，4％的通膨率則只需 17 年。

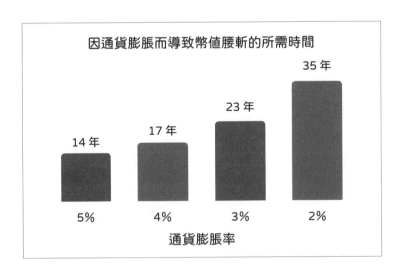

把小錢滾成大財富

如果不把長期儲蓄投入有生產力的金融資產，你的錢會貶值。以下來看看某品牌運動鞋的例子。

喬丹（Michael Jordan）於 1984 年的 NBA 選秀會中被芝加哥公牛隊挑選為第三順位球員之後，他和 Nike 簽下五年合約，據報價值 250 萬美元，在當時可謂天價。一年後，Nike 推出喬丹親筆簽名鞋，飛人喬丹鞋（Air Jordan）於此誕生。

之後，喬丹贏得六次 NBA 頭銜，多次獲得 MVP 獎，成為公認的最佳球員，也讓 Nike 顏面有光，自此 Nike 出品 30 多種飛人喬丹鞋，有數百種不同的樣式。

喬丹品牌大獲成功，使他與 Nike 合作所賺的錢，遠多於在 NBA 打球的收入。2019 年，光是「喬丹」這個品牌，就替 Nike 帶來超過 30 億美元的收入，約占全公司營收的三分之一，成績斐然。

第一雙喬丹鞋的售價為 65 美元，在當時是市場上最

昂貴的籃球鞋，如今每雙喬丹鞋的售價通常是 200 美元起跳，某些鞋款甚至高達數千美元，從第一雙喬丹鞋進入市場至今已超過 30 年。

30 多年是相當漫長的時間，因此我想知道，如果你在 1985 年把投資在喬丹鞋的 65 美元用來買 65 美元的 Nike 股票，結果會是如何。

喬丹鞋從 1985 年的每雙 65 美元，到 2019 年的 235 美元，相當於年成長率 4％，超過那段期間的通貨膨脹率 2.5％。不過，Nike 的股價從 1985 年至 2019 年，以每年超過 21％的速率增值。假設在 1985 年把 65 美元拿去投資該公司股票，到 2019 年末的價值會超過 36,000 美元。這雙鞋的代價可真昂貴。

以上是用史上最成功的企業之一所舉的極端例子，但也說明長期持股的龐大效果，以及投資生產性資產的必要性。食衣住行等物質的成本，通常會隨時間上升，所以你需要做投資，以免存下來的錢被通貨膨脹吃掉。

說到通貨膨脹對財富的影響，時間是最大的敵人；但對財富的成長而言，時間也是最大的資產。

　　下一章將用兩個不同的儲蓄例子，說明為何時間是最大的資產。

Chapter 5

你最大的資產

說真的，你我大概都無法在股市上找到第二個像 Nike 那樣的贏家。以下是從較為務實的眼光來看看，只要及早投入股市，即使是最有限的報酬，也能帶來強大的結果。

　　莎拉和約翰在存退休金這件事情上，採取不同的做法。莎拉總是會事先規劃，因此她從畢業後找到第一份工作時，就開始努力存錢；約翰則是把存錢先擱一邊，想等到年紀大一點、行有餘力再說。

　　莎拉在 25 歲開始存退休金，每個月提撥 500 美元存入工作單位的退休帳戶，35 歲之後不再存錢，讓複利為她錢滾錢。到了 65 歲，假設是 7％的年報酬率，她會擁有大約 720,000 美元，即使她總共只存了 66,000 美元到帳戶裡。

　　約翰擱置退休儲蓄多年，因為他無法說服自己相信股市投資，他認為股市就像賭場，贏的人永遠是莊家。當約翰看到莎拉慢慢累積起財富，終於決定 40 歲要開始儲蓄，他有樣學樣，每個月也存入 500 美元，不同的是，他

把小錢滾成大財富

持續存到 65 歲退休為止。約翰在這 25 年間存入退休帳戶的錢總共 156,000 美元，假設年報酬也是 7％，他退休時會有大約 412,000 美元。

即使約翰存入的金額和期間是莎拉的 2.5 倍，但他退休時的錢，卻比莎拉少了 308,000 美元。你會問，怎麼會這樣呢？

	莎拉	約翰
開始儲蓄	25 歲	40 歲
停止儲蓄	35 歲	65 歲
總儲蓄金額	66,000 美元	156,000 美元
期末餘額	720,000 美元	412,000 美元

假設：兩人各自每月存入 500 美元，賺取 7％的投資報酬。

莎拉比約翰更善用她最大的資產——時間。她的儲蓄複利期間比約翰多了 15 年，給予她更多時間來滾錢。

以上是個簡單的例子。現在，我們讓莎拉存錢存久一點，畢竟沒有必要為了證明複利，而在 35 歲停止儲蓄。假設她在 35 歲那年沒有停止儲蓄，每年繼續乖乖把錢存入、直到退休；利用同樣的資料來計算，莎拉在 65 歲時會有近 130 萬美元，由於她存的退休金比約翰多出 90,000 美元，因此到退休時會多出近 700,000 美元，因為她較早開始存錢。

對於年輕時的你來說，最好的做法，就是善用你還擁有的漫長時間，開始存錢並盡早投資。財經作家柏恩斯坦（William Bernstein）說：

> 你 25 歲時沒有存下的每一塊錢，相當於 35 歲才開始存的 2 美元、45 歲才開始存的 4 美元、55 歲才開始存的 8 美元（經過通貨膨脹的調整）。實務上，如果你在 45 歲還沒有存下一筆相當數目的金錢，你的麻煩可大了，因為 25 歲的人應該至少存下 10%的薪水，這代表 45 歲的人需要存近半數的薪水。

年輕時開始存錢，不僅能夠利用複利，還能減輕往後生活與經濟上的壓力。而如果你年紀較長，又無法讓時光倒流，別喪氣，你只是需要多一些規畫，以及較高的儲蓄率（關於如何克服較晚才開始存退休金，詳見第 22 章）。

　　為了方便起見，上述是用 500 美元舉例。然而，無論你還有多少年才會退休，了解自己需要存多少錢，是最難回答的問題之一。

　　接下來就是了解你應該存多少錢。

Chapter 6

該存多少錢才夠？

SAVING RATES

提供理財建議時必須考量各種因素，因為通常是取決於當事人的處境。如果不了解一個人的目標、需求、欲望、性情、個性和目前的財務狀況，就不可能提供投資的指導。

唯一適用於所有人及其財務狀況的退休法則，是**儲蓄率應該占收入的二位數百分比**。如果你在理財方面除了設定高儲蓄率之外，什麼都不做，就不會有什麼問題。所得的 10％是個不錯的目標，15％到 20％更好，有人可以馬上就達到二位數的儲蓄率嗎？當然不可能！但是，如果希望存下夠多的錢，以便未來某一天達到財務自由，二位數的儲蓄率是你應該努力的目標。

二位數的儲蓄率有諸多好處：
- 當人生中出現插曲，能帶給你安全保障。
- 一旦你財務自由，就不需補足那麼多收入。
- 減輕金錢決策所造成的許多壓力。
- 「花多少錢」是你生活中少數幾個可以掌控的領域。

即使現在還做不到，但以下有幾種方式可以讓你在一段時間後，將儲蓄率大幅提高為兩位數。

把存錢當成繳帳單。人的意志力有限，所以你可以試著把儲蓄納入每月預算中。把月底剩下的錢全部存起來的做法，到頭來會失敗。務必採取自動存款的方式，就不會有討價還價的餘地，**將存錢視為每月要繳的帳單，或是訂閱網飛或健身房的月費。**

401(k) 計畫讓存錢變得容易又方便，因為當你事先設定好一個金額或儲蓄率，在你還沒看到那筆錢進入支票存款帳戶之前，就會自動轉入你的退休帳戶。只要搞定了儲蓄的事，就可以自由地把錢花在別的地方。你可以理直氣壯地花錢而不必擔心，因為你已經滿足了儲蓄的目標，這是預算的反向思考。

儲蓄應該要是每個月的第一優先事項，就像房租／房貸、水電瓦斯費、網路費、串流媒體的費用，以及車貸。

目標是從每次的薪水中存下夠多的錢，金額要大到讓你有一點點心痛。

循序漸進。假設你想從小額開始（因為從薪水撥出一大筆錢來儲蓄，光想就令你感到害怕），每個月存 100 美元、直到退休，而你的年收入是 60,000 美元，那儲蓄率就是 2%。雖然距離二位數的目標儲蓄率還有待努力，但每年只要提高 1% 的儲蓄率，一段時間過後就能多存下幾十萬美元。

凱倫 30 歲，年薪 60,000 美元，每個月存 100 美元。如果她每年只是繼續把收入的 2% 存起來（每年隨生活成本而成長 3%），直到 65 歲退休，在 7% 的年投資報酬率之下，她會累積近 260,000 美元。

現在，假設凱倫每年只提高儲蓄率 1%，為了達到 15% 的儲蓄率目標，要花 14 年才做得到，聽起來真是遙遠，但這麼一來，她就可以慢慢提高儲蓄率。利用同樣的資料來計算，14 年間每年僅提高 1%，之後維持 15% 直到

退休，她的帳戶餘額將成長為 140 萬美元。換言之，1％的儲蓄年增率，在凱倫儲存退休金的期間，價值超過 100 萬美元。

大部分的 401(k) 計畫，都會讓你在一段期間內可以自動提高儲蓄率，這也是開始儲存退休金後，第二個最重要的步驟。現在大部分的計畫將儲蓄率設定在所得的 5％左右，如果你也是如此，不要不好意思。有太多儲存退休金的人只是存下所得非常微小的比率，因此，事先設定未來將提高的比率，可以讓你有依循的目標，以避免在很低的儲蓄率上停滯不前，而公司的相對提撥率在此也能提供助力。

避免生活用度無所節制。看著鄰居發財或買東西而不嫉妒，對理財來說是無比強大的力量。**浪費的生活方式是存錢的大敵**，因為當你賺得愈多，就愈覺得自己花錢有理。賺更多錢會使你的生活更輕鬆，但如果你希望紮紮實實地累積財富，就必須確保支出率不超過儲蓄率。

回到 30 歲的凱倫。她還是年薪 60,000 美元，把薪水的 2％存起來，而薪水每年增加 3％。假設她每年把一半的加薪存起來，其他不變，然後把加薪的另一半用來改善生活品質，我稱之為「儲蓄加獎賞策略」（save-plus-reward strategy）。每年把加薪的一半存起來，在 2％的儲蓄率下，會使凱倫的存款餘額從 256,000 美元增加到 433,000 美元。

現在進一步看看，如果凱倫把一半的加薪存起來，**同時**每年提高 1％的儲蓄率，直到 45 歲左右時達到 15％。在這個情況下，她在 65 歲時會有近 160 萬美元。

從小額儲蓄做起，避免揮霍度日，慢慢達到儲蓄目標，會是儲存退休金的強大助力。

讓你的收入倍增。存錢很重要，然而，省吃儉用的效果畢竟有限。大部分的理財專家苦口婆心地宣揚節儉的美德，但其實賺更多錢才是讓儲蓄暴增的好方法。**你自己才是最好的投資標的。**在職業生涯早期就談到 10,000 美元的

加薪，可能會為整個職業生涯帶來近 1,000,000 美元的價值。以下三種情況將說明，加薪在不同的儲蓄率下所產生的效果：

	將每年加薪的 25%存起來	將每年加薪的 50%存起來	將每年加薪的 75%存起來
10 年後	33,982 美元	67,965 美元	101,947 美元
20 年後	112,368 美元	224,737 美元	337,105 美元
30 年後	292,934 美元	585,867 美元	878,801 美元

假設：初始加薪 10,000 美元，每年報酬率 6%，每年儲蓄率提高 3%。

現在，想想如果你在職業生涯的幾次加薪採取上述做法，對財富將會有多大的影響。你必須一以貫之，把多的收入存起來；但對大部分的人來說，最困難的其實是賺更多錢。

如果有人的職業生涯停滯不前，我喜歡引用艾普斯坦（Theo Epstein）的 20％法則來告訴對方如何繼續前進，

這位波士頓紅襪隊和芝加哥小熊隊的救星曾經對阿克賽爾羅（David Axelrod）＊這麼說：

> 無論你的老闆是誰，他的工作當中會有20％是他不喜歡的。如果你去問他，或是自己弄清楚那 20％的工作是什麼，然後設法替他做好，老闆就會非常開心，並且提升他的生活品質和工作情緒。

你也必須習慣跟人談條件、說出難以啟齒的事，同時要跟一群能為你開拓職業生涯的人建立人脈。如果你不敢銷售自己，就很難有機會賺更多錢。

你已經了解如何達到二位數的目標儲蓄率，接著你需要知道該把錢放在哪裡。

＊ 編注：前美國總統歐巴馬的競選顧問，後被任命為美國總統府資政。

把小錢滾成大財富

Chapter 7

要投資什麼？

RISK   SAFETY

假設你想成立一家專門快遞花生醬三明治的公司，因為你知道人在飢腸轆轆時，會希望盡快吃到花生醬三明治；你認為這將會是一間了不起的科技公司，但你沒有足夠的錢來開創夢想的事業。

若要開創這家花生醬三明治公司，你有兩個選項。一是向銀行取得小型企業貸款，之後再連本帶利攤還。你也可以把公司股權賣給家人、朋友或外部投資者，他們有權分享部分獲利，並且／或者當公司被賣掉或上市時，獲取一部分的款項。

兩種籌資的方式各有利弊。如果事業營運順利，凡是買入所有權持份的人，都有極大可能賺取更高利潤，或是看著自己的持股價值上漲。至於債權人只是在貸款到期時，確保自己能拿到約定的利息所得與本金。

如果你的花生醬三明治事業營運不順，凡是買入所有權持份的人，有極大可能目睹獲利下降，或者持股價值下跌，最糟的甚至是價值歸零。債權人則是依法有權獲得債

務清償；萬一消費者對花生醬三明治的快遞服務沒興趣而導致公司破產，債權人將優先於股東獲得金錢返還或取得沒收的資產。

金融資產也有類似的風險概況（risk profile）。股票投資同時提供巨大的上漲潛力和下跌風險；擁有高品質債權或債券能降低鉅額虧損的風險，但擁有這種保障的同時，上漲的潛能也受到限制。付給股東的現金，其波動的幅度也遠高於付給債券持有者，因為企業有其特定的業務風險，如果經濟環境不佳，可能陷入危機。

該如何把資本分別配置給業主（股票）和債權人（債券），沒有對錯的答案，但是，**你要如何把退休老本分配在這兩者之間，是你作為投資者要做的重要決定**，因為這會為投資組合的風險概況設定基調。

關於投資的風險，你必須具備一個觀念：想賺取長期的高投資報酬，就要接受不時的損失或劇烈的波動；當你願意接受較低的長期報酬，就能保障你的錢在短期內免於

損失和劇烈增減。**風險絕不可能完全消失，只會轉移到別的地方**。這是進行投資時，其風險與報酬的本質。

接下來，我們要了解股市的風險和報酬。

Chapter 8

股市如何運作？

我跟妻子訂婚後，開始就如何運用共同的財務，做了一些深度的哲理性對話。當時我們將近 30 歲，因此我告訴她，我希望把我們絕大部分的退休存款投入股市。

　　這個話題顯然是由我主動提出的，因為我對個人理財比她熱衷許多，而她則覺得我說了算。我們聊到用錢的習慣、預算、儲蓄、債務、帳單支付，以及我們通常會如何規劃，以達到長期理財的目標。那次的聊天很有建設性，我也建議有意長相廝守的人，在某個時間點上都要來一次這樣的對話。失去一半財產的最快方法是離婚，而不是股市崩盤，你們最好在理財上取得共識。

　　由於我們在儲蓄、消費、信用卡貸款和量入為出等方面的看法相近，從財務問題對夫妻影響甚鉅的角度看來，那是一次輕鬆的聊天，只是她需要更清楚地了解一件事，那就是把存下的退休金投入股市。

　　我太太跟大部分的人一樣，對股市的了解僅限於從新聞中聽到，或是在電視和電影中看到，對投資股市也沒有

把小錢滾成大財富

太多想法，因此當我告訴她，我們要把一大筆存下來的退休金投入股市時（尤其當時我們還年輕），她一開始是有顧慮的。

股市不是風險很高嗎？

這不是拿我們的錢去賭博嗎？

不是有可能損失大半的錢嗎？

難道我們不該穩健一點嗎？

我在金融界工作，對 Excel 試算表或 PowerPoint 簡報自不陌生，但我必須用白話文來解釋，以免她覺得無聊，同時把我的想法傳達給她。以下內容大致與我跟她說的一致（而且儘管經過這番演練，她還是答應嫁給我，滿不可置信的）。

股市是任何人都可以投入聰明才智的唯一地方，投資股市是賭明天會更好。可以把股票想成是，把聰明的人和企業持續創新成長所獲得的利益納入自己口袋的一種方法。在股市買股票是除了擁有自己的事業外，在商業世界

分得所有權的最簡單方法。

股市投資最棒的地方，在於只要持有就能賺錢。當企業發放股息給股東，會把白花花的銀子存入你的股票交易帳戶或退休帳戶，你可以選擇把這筆錢再拿去投資，或是領出來花用。

股市是世界上少數幾個可以賺取被動收入、又不必付出任何勞力的地方，你只要買進，然後等著就好了。如果全球股市長期不看漲，你的問題會比 401(k) 的餘額問題大一些。

很多人把股市比喻成賭場，但是賭場的勝算不在你這邊。在賭場玩愈久，最後輸錢的機會就愈大，因為根據純粹的機率來說，贏家是莊家；股市恰恰相反。

歷史上，持股時間愈長，獲利機會愈大。然而，即便長時間持有股票，仍無法保證報酬率。如果股市的報酬一致，那就沒有風險了。

標準普爾 500 指數：1926 － 2020 年

持股期間	正報酬	負報酬
1 天	56%	44%
1 年	75%	25%
5 年	88%	12%
10 年	95%	5%
20 年	100%	0%

資料來源：德明信基金顧問（Dimensional Fund Advisors）

　　沒有風險，就沒有豐厚的長期報酬。由於持有股票會有風險的成分在內，報酬也會因為何時進場投資而有很大的不同。

標準普爾 500 指數年報酬：1926 － 2020 年

	5 年	10 年	20 年	30 年
最佳	36.1%	21.4%	18.3%	14.8%
最差	-17.4%	-4.9%	1.9%	7.8%
平均	10.1%	10.4%	10.9%	11.2%

資料來源：德明信基金顧問

在過去，持股 10 年是可能虧損的，即使是持有 20 年至 30 年，最佳和最差的結果之間還是呈現很大的差距。但值得注意的是，歷史上，即使美國股市在 30 年間最差的年報酬，都帶來 850％以上的總報酬；這就是複利之美。標準普爾 500 指數（S&P 500）**最差**的 30 年期報酬，都是你原始投資額的 8 倍之多。

股市的複利還出現在其他方面。1950 年以來，美國最大型的上市企業每股支付的股利，從 1 美元成長到 2020 年的 60 美元，每股盈餘從 2 美元成長到 100 美元，分別可換算成 6000％和 5000％的成長率；在過去 70 幾年間，各家企業的年成長超過 6％。1950 年投資 1 美元到美國股市，到 2020 年底將值 2,000 美元以上。

如果你在以下幾年投資 10,000 美元到標準普爾 500 指數中：

* 2010 年投資 10,000 美元，到 2020 年 9 月將值 37,600 美元

- 2000 年投資 10,000 美元，到 2020 年 9 月將
  值 34,200 美元
- 1990 年投資 10,000 美元，到 2020 年 9 月將
  值 182,300 美元
- 1980 年投資 10,000 美元，到 2020 年 9 月將
  值 918,500 美元
- 1970 年投資 10,000 美元，到 2020 年 9 月將
  值 1,623,500 美元
- 1960 年投資 10,000 美元，到 2020 年 9 月將
  值 3,445,000 美元

以上尚未考慮到手續費、稅收、交易成本等影響，但
重點不變：股市的長期獲利成長是其他投資標的所比不上
的，而且持有期間愈長，就有愈多複利的機會。

說了這麼多，這個長期複利的機器倒是有個不太好的
副作用，那就是股票在短期內會讓你的心七上八下。**如果
投資界中有個鐵律，那就是風險和報酬永遠是哥倆好。如
果不把自己暴露在巨大的虧損之中，就不能期待賺取巨大**

的獲利。經過一段時間，當股票的報酬高於債券或現金，是因為會經過幾段令人痛苦的虧損時期。

舉例來說，1950 年投資的 1 美元，在 1972 年末成長為 17 美元。到了 1974 年秋天掉到 10 美元，1987 年秋天成長到 95 美元，之後因為黑色星期一（Black Monday）的大崩盤，在短短一個星期內掉到 62 美元。接著，這 62 美元到了 2000 年春天變成令人難以置信的 604 美元。2002 年秋天，604 美元掉到只剩 340 美元，再緩步上漲到 2007 年秋天的 708 美元，之後經歷一年半，到 2009 年 3 月腰斬到 347 美元。2009 年 12 月底，原始投入的 1 美元價值 537 美元，少於 10 年前 1999 年末的價值 590 美元。

因此，1 美元成長為 2,000 美元聽起來似乎不可思議，但你會發現是經過多次震盪才達到的；**股市是因為短期大幅下跌，才使得長期大幅成長。**影響股市短期波動的因素，包括投資人的看法分歧、目標、持股期間和個性，而長期波動則受基本面影響。

有時股票的漲跌幅超過基本面的最大原因，在於人們一旦群聚，便可能會失去自己的理智；只要股市漲跌取決於人的決定，就一定會是這樣。想想當自己擁護的隊伍贏得或輸掉比賽，或者被裁判誤判時，人們會變得多瘋狂；涉及金錢議題的時候也是。

　　你對股市投資的看法，與你作為投資者所處的生命週期較有關，而不是你對波動性的感覺。

　　接下來，我們要看看投資者生命週期的重要性。

Chapter 9

投資者的生命週期

撰寫本書之際，我也即將進入 39 歲，請容我悼念逝去的 30 歲年代。根據社會安全制度的精算表，與我同齡的人平均會活到 79 歲。如果從樂觀的角度來看，我的壽命高於平均值，意思是我還有大約 40 幾年，來替餘生的財務做好準備。

在接下來的 40 至 50 年間，我預計會經歷至少十次的熊市，其中五六次會造成股市崩盤，這段期間大概至少也會有七八次不景氣，或許更多也說不定。

我可以對上述數字打包票嗎？沒有人能對市場或經濟打包票，但倒是可以以歷史為借鏡。1970 至 2019 年的 50 年間，有過 7 次不景氣、10 次熊市和 4 次大崩盤，在美國股票市場造成的損失超過 30％。1920 至 1969 年的 50 年間，發生過 11 次不景氣、15 次熊市和 8 次大崩盤，為美國股市帶來超過 30％的損失。

熊市、慘烈的崩盤和不景氣，對投資人來說是人生的現實，我們在這個制度下儲蓄和投資，而這些是制度的特

點，並不是瑕疵。因此，你最好習慣應付這些事，因為它們不會、也不可能很快消失，由於市場和經濟體是由人類所主導，而人類總是會做過頭，無論順境還是逆境。

然而，股市崩盤和經濟走下坡的風險，並不是對每個人而言都一樣嚴重。在處理一輩子的積蓄時，如何看待無可避免的挫折，與你當下所處的人生階段較有關係，而不是你認為這些時期多麼可怕，**不同的人對風險的看法也不同，端視他們處在投資者生命週期中的位置。**

年輕時，人力資本（又稱為終生所得潛能）遠大於投資資本，如果你 20 幾歲、30 幾歲、甚至 40 幾歲，未來還有很多年可以做個淨儲蓄者或淨所得者，也就是說，你應該歡迎市場波動，而不是害怕。股市不振會使股息殖利率上升、股價降低，你將有更多機會用較低的價格買股票，當下或許不好受，但如果你有定期儲蓄，這會是件好事。

有句俗話說，股市是唯一當商品便宜賣、而所有顧客一哄而散的地方。**股市下跌時採取的行動對投資成敗的**

影響，大於在股市上漲時的行動。問題在於當股市崩盤時，人們總會想趕緊出脫持股，而遲遲不敢進場。如果時間站在你這邊，就沒必要擔心何時該把儲存的退休金投入股市，特別是在股市下跌的時候。年輕的好處，在於不需要算準進場時機，一樣可以投資成功；你可以等到熊市結束，因為未來還有漫長的時間。

另一方面，退休族群缺少人力資本，但（可能）坐擁大量財務資本。人們愈活愈長壽，意思是當你退休時，不代表不用再做金錢管理，而是必須多思考該如何投資終身積蓄來養老，因為你沒有那麼多時間等待股市停止下跌，也沒有賺取收入的能力，在股市下跌時逢低把新存下來的錢拿去買股票。

市場風險代表的意義，不僅會因為你所處的投資生命週期而不同，也受你的個性所影響。你作為投資人的風險概況，取決於你的能力、冒險的意願和需求這三者的組合。這三股力量很少處在平衡狀態，永遠需要取捨。

你能承受多少風險，包含你還剩多少時間能儲存退休養老金、流動性限制（liquidity constraints）、收入概況，以及財務資源。

你願意承受多少風險，與你的風險偏好有關，也就是你增長財富的欲望與保護財富的欲望，兩者之間的差距。

你對承受風險的需求，與達到你的目標尚需要多少報酬率有關。

對退休毫無準備的人，也許需要多承受一點風險，以便達到目標，但他們或許沒有這種意願或能力。

存了很多錢的人，也許有意願、也有能力承受更多風險來增長財富，但他們可能並不需要這麼做，因為他們已經是人生勝利組。

達到正確的投資組合何其困難，幸好世界上沒有所謂完美的投資組合，唯有事後才知道何謂完美的投資組合。

然而，就算有完美的投資策略，如果不能長時間遵守，還是沒有用。遵守一個還不錯的投資策略，遠遠好過無法遵守的絕佳投資策略。**紀律加上長期的投資時間，是理財成功的平衡裝置。**

你承受市場損失並貫徹計畫的能力，終究取決於期間的長度、風險概況、人力資本、性格特質和自我。當你在做關於金錢的決定時，如果不了解自己，也不了解自己所處的狀況與不足之處，就不可能確實衡量自身的風險耐受度。

現在我要告訴你，為什麼選股比你想的還困難。

Chapter 10

選股比你想的更難

奇異公司（General Electric）在 2000 年時，曾經是美國股市中最大的公司，它不僅是市場上最大的公司，而且規模幾乎是第二大公司埃克森美孚（Exxon）的兩倍。從新世紀開始的 2000 年到 2020 年秋天，奇異公司的股價下跌了 80％，這還包括股息再投資在內。把大部分的退休資產投資於奇異公司的退休族群，彷彿身在悲慘世界。2016 年，奇異公司的 401(k) 計畫，有近三分之一投資在自家公司的股票上。

當年的績優股，如今卻風光不再的，還不只奇異，那些把退休養老金投資在恩隆（Enron）、雷曼兄弟（Lehman Brothers）或世界通訊（WorldCom）的員工，在企業落難的時候，也失去一切。

根據研究學者威斯特（Geoffrey West）所言，不只是恩隆、雷曼和世界通訊，長期維持一家公司於不墜是非常困難的事。

- 1950 至 2009 年間，近 29,000 家公司在美

國的股票市場上交易，然而其中近 80％的公
司在 2009 年已經消失（透過股權收購、合
併、破產等）。

- 在股市中能存在超過 30 年的公司不到 5％。
- 公司倒閉的風險，關鍵不在其年紀或規模。一
  家新公司活不過 5 年的機率，與一家老牌公
  司活不過 50 年的機率一樣。
- 據估計，美國上市公司的半衰期為 10.5 年，
  意思是在任何一年公開上市的公司，會有一半
  在 10.5 年內消失。
- 1955 年名列財星 500 大企業（Fortune 500
  list）的公司，只有 12％的存活率。

別管什麼打敗市場了，光是長期活下去，對一家公司
而言就夠艱難了。

「你覺得這支股票如何？我該不該買？」知道我在金
融業工作的人，最常問我這個問題，而當我說出我的標準

回答「我不知道」，以婉拒提供指導的要求時，他們通常會一臉迷惘。

事實上，我真的不知道。選股實在有夠難。有一個投資祕訣是，選股並不像電視理財節目的人要你相信的那麼重要。比選股更重要的包括：

- **你的儲蓄率。** 儲蓄是投資的第一步。
- **你的資產配置。** 除了存了多少錢，諸如股票、債券、現金和其他投資標的等組合，會是決定投資成功與否的最大因素，因為這會為投資組合的風險概況定下基調。
- **你的投資計畫。** 財經作家莫瑞（Nick Murray）說：「投資組合本身並不是一個計畫。投資組合不是為了執行計畫，只是一種投機的形式，其唯一目標是打敗大部分人的投資組合，但『績效勝出』並不是理財的目標。」

投資組合既不是計畫，也不是選股，我承認選股比

資產配置有趣，但也比較難做得好。如果有一家像亞馬遜（Amazon）這種把一開始的小額投資、變成數百萬美元的公司，那麼就有上千家公司可能讓你一輩子的積蓄變成壁紙。

根據摩根大通（JP Morgan）一項令人大開眼界的研究發現，美國股市中有大約 40％的股票，從 1980 年股價到達巔峰後，便跌落 70％以上，且一蹶不振。那段期間有三分之二的股票績效低於大盤，四成公司的報酬率是負的，這段時期當然有幾位大贏家，但僅是一些萬中選一的股票。

美國股市有大約 7％的公司為投資者帶來終生報酬，因而被歸屬於「極端贏家」。根據學者貝森邦德（Hendrik Bessembinder）的研究，**1926 年以來，美國每 7 支股票中，有 4 支股票的現金報酬低於儲蓄存款**，換言之，在股市挑到魯蛇的機會大於贏家。

把投資分散到很多不同的股票，代表你不會擊中全壘

打，但也不會遭到三振出局，分散的關鍵在於不需事先挑
選贏家，而是贏家會自動出現。一般投資者應該要樂於接
受一壘安打或二壘安打，因為這表示你不會因為出現一兩
個不好的投資標的，而毀了終生積蓄。

公司可能歸零，但目標日期基金和指數型基金（index
funds）不會。

Chapter 11

一站購足的退休基金

每年我的朋友、鄰居或同事都會邀我加入夢幻足球聯隊＊，而我也每年都婉拒邀請。基於某些理由，我從未加入，如今也沒有時間、精力或動機去研究怎麼玩（我也是底特律雄獅隊的球迷，所以我對國家美式足球聯盟的一切本來就很熱衷）。我無意批評那些熱衷虛擬足球隊的人，只是不適合我。

我對於夢幻足球的想法，跟許多人對於管理投資標的的想法相同；他們完全無心學習如何投資，或者寧可把時間花在其他方面。我個人喜歡仔細探究投資組合管理、資產配置和投資策略的複雜細節，我也了解，並不是每個人都可以自己搞定投資的事，很多人一想到共同基金、指數股票型基金（ETF）、分散投資和選擇對的資產類別組合就兩眼發直。

會產生這種反應並沒有錯，端視你希望在過程中的掌控程度有多高。如果你跟我一樣，覺得這類事情能激發腦

＊ 編注：fantasy football league，與美式足球相關的虛擬遊戲。

力，那**你隨時都可以挑選自己的資產配置**，在資產類別內選擇基金或證券，並且隨著風險概況或狀況的改變，來更動資產類別的搭配方式。

你也可以採取輕鬆的做法，在 401(k)、IRA 或證券交易戶裡挑選一個目標日期基金。對散戶投資人來說，目標日期基金是這幾十年來開發出的最佳產品，因為它能替你做出許多投資決策，並且將過程自動化。對於沒有能力做出投資決策的投資大眾來說，這是向前跨了一大步。

目標日期基金對於儲存退休金的人而言之所以重要，原因在於 2006 年退休金改革法案（Pension Reform Act）規定的改變——要求僱用單位的退休計畫提供一支合法的預設投資選項給參與的員工。在過去，這些計畫預設的多半是保守的固定收益或穩定的價值基金。大部分的人要麼不知道如何挑選自己的基金，要麼就是極少改變投資選項，因此，這導致剛開始儲蓄的人不知從何下手。

那麼，目標日期基金如何運作？

每支基金有表定日期，明定你何時將退休。假設你現在 35 歲，預計 65 歲退休，如果你從 2020 年開始投資，那麼目標日期 2050 年的基金，就符合你的時程規畫，因為這支基金的到期日是在 30 年後。

這種全包式的基金（all-in-one funds），其投資橫跨了各種資產類別（股票和債券）和地理區域（美國與國外的股票及債券），可提供高度分散的投資組合給投資人。管理該基金的投資公司，會根據你的年齡選擇資產配置：在你年輕時採取側重股票的投資組合，隨著退休年齡接近，再轉向較為平衡的配置。

這種投資組合的改變，稱為「生命週期資產配置」（glidepath），因為它是隨時間而逐漸轉移。目標日期基金也會隨時間的經過，回溯到指定的資產類別目標權重，自動替投資人對基金進行再平衡。

目標日期基金持有的投資標的，會因基金公司而異，但如果想根據自己對股票的偏好，承受更大或更小的風

險，可以選擇一支退休日期不同的基金。

舉例來說，假設派崔克現年 25 歲，尚不確定自己是否能夠承受股市損失，這時他可以不選擇目標日期 2060 年的基金，而是選擇股票配置比例較低的 2050 或 2045 年的基金選項。反之，45 歲的寶拉打算工作到 70 歲以上，也願意承受較高的股市風險，這時她可以不選擇目標日期 2040 年的基金，而是選擇持有更高比例股票的 2050 或 2055 年基金選項。

大部分的退休計畫贊助者，在設置 401(k) 計畫時，會挑選目標日期基金作為預設的投資選擇，這是個很有效的行為推力（nudge），導致這些基金紅透半邊天。如今有將近 80％的 401(k) 投資人，在基金巨擘先鋒領航（Vanguard）贊助的退休計畫中，持有一支目標日期基金。

目標日期基金也有缺點：投資人不能依個人需求或資產配置的偏好，去修改持股內容；沒有人會手把手或清楚解釋這些基金的操作方式（不同的計畫贊助者會提出不同

的退休建議，且通常極少提供建議）。這些配置與生命週期資產配置曲線（glide paths）＊，可能會因為基金公司而有極大差異。

儘管投資策略無法盡善盡美，但目標日期基金相對較佳，別的先不提，目標日期基金很適合剛接觸高度分散投資組合的投資人，因為他們無須自行弄懂特定的持股。

如果在目標日期基金之外，還希望針對特定的目標、風險概況和投資期間做一點修改，你可以在僱用單位的退休計畫之外，利用 IRA 或應納稅帳戶（taxable account）加入自動化投資理財顧問（robo-advisor），它會建立一個符合你個人需求和目標的投資組合，最棒的是，一旦註冊完畢並填寫個人基本資料，就會自動為你進行儲蓄和投資。

＊　譯注：目標日期為投資人的退休日，基金經理人會根據該日期進行動態調整的資產配置。

全包式基金結構或自動化解決方案的好處，在於能阻絕你想干預投資組合的誘惑；日標日期基金或自動化投資理財顧問在時機最差的時候，會阻止你做出不良的投資決策。**這些基金和服務的目的，是使投資人遠離不智的衝動行為。**

在為退休帳戶選擇對的基金時，有一項最重要的變數。

我要用我哥哥的第一輛車，以及它如何讓我父親付出他新年新希望的代價，來說明這個變數。

便宜真的沒好貨嗎？

我中學的時候，老爸跟全家人說，他今年的新年新希望是盡量不爆粗口。我父親是個很隨和的人，但任何人都有個地雷點，會導致他們爆粗口；對我爸來說，這個點是一輛五十鈴（ISUZU）的 Trooper 汽車。我哥 16 歲時，爸媽買給他一輛 Trooper，作為他人生的第一輛車。運動型休旅車（SUV）對密西根州北部冷冽的冬季來說，似乎是個聰明的選擇，不幸的是，這台休旅車爛得像廢鐵，三不五時就罷工、需要修理。

　　一月的某個暴風雪的晚上，幾位朋友載我回家，到家後，我發現我媽、我爸和我哥都在外頭，想搞清楚這台 Trooper 到底怎麼了。正當我步上車道，只聽見我媽責備我爸，說道：「艾迪，這就是你的新年新希望？」我爸則是正在對著我哥的爛車飆髒話，最後他們花在修車的錢多過買車的錢。

　　我們全家從這次經驗學到了寶貴的教訓，那就是人生有些事就是一分錢、一分貨。高檔牛排、高品質的洗衣機和烘衣機、好穿的鞋子、睡起來舒服的床墊、不會動不動

就拋錨的優質車。一分錢、一分貨的道理，適用於諸如此類的東西。

然而，對投資人來說，情況恰恰相反。柏格（John Bogle）生前經常提醒投資人：**「你得到的，不等於你付出的。」**（You Get What You Don't Pay For.）這位領航投資創辦人的核心投資守則，在於「成本重要假說」（Cost Matters Hypothesis）：

> 指數並不是根據效率市場假說（efficient market hypothesis），而是「成本重要假說」這個單純的算數。在市場的許多方面，每有一位贏家，就會有一位輸家，因此平均而言，投資人得到的會是市場報酬減去費用。

指數型基金難以被打敗，因為你付出的費用會比積極管理基金的投資人低，因而保留較多的獲利。指數型基金的費用不僅較低，實際入袋的報酬率也較高，買賣也較不頻繁，換言之，交易成本較低；這點和日常生活中買其

他東西的情況恰恰相反，也是不能憑直覺做投資的原因之一。

投資研究公司晨星（Morningstar）進行過一項研究，欲了解哪些變數能預測共同基金未來績效的成敗。他們發現，預測能力較高的變數，不是基金經理人的智能、其預測未來的能力，或畢業於哪一所常春藤名校——最具預測能力的變數是「成本」。晨星在研究過每一個資產類別後發現，成本最低的 20% 基金，成功的可能性是最貴的 20% 基金的三倍。也就是說，**提到投資，便宜是一大優點**。

如果以挑選成本最低的基金，作為投資決策的唯一根據，你的投資績效可能會比所有的投資人好上 70 ～ 80%。在其他因素相等的情況下，如果想為 401(k)、羅斯 IRA 或證券交易帳戶選擇一支共同基金，最好從成本最低的選起。

如果你想挑選一支目標日期基金，就盡可能尋找持有最多指數型基金的。持有低成本基金，無法保證你的儲蓄

會賺得較高報酬，卻能保證絕大多數時間的入袋金額是較高的（以淨利基礎來計算）。

長期來說，複利能為你利上滾利，累積更多財富；但如果不夠小心，基金的費用可能會默默抵銷複利的好處。說句公道話，一定有成本更高、更主動管理的基金，會在扣除管理費用後，為其投資人帶來豐厚的報酬。如果這些基金能夠提供更順暢的順風車，讓你維持長期投資，那麼從行為學的角度來看，這也是一種勝利。

最棒的一種策略，是你可以堅持不懈的策略。 不管你投資了什麼，一定要知道自己持有哪些東西與持有的理由，以確保你的期望與你的投資組合保持一致。

當然，費用比率不是投資時唯一的費用，最高的成本往往來自於你自己的行為，也就是你憑著對當下市場或經濟情勢的「感覺」，不斷買賣，企圖抓住進場與出場的時機。投資最大的敵人，是通貨膨脹、稅收、成本，以及**人性**。

有個簡單的做法，能避免在股市殺進殺出，就是「分散時間投資」。

　　我們接下來要談的主題是波動性和平均成本法（dollar cost averaging）。

把小錢滾成大財富

Chapter 13

分散時間投資

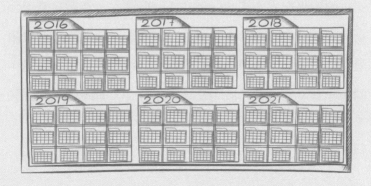

目標日期基金對散戶投資人的一大好處，在於一支基金就可以進行簡單又有成本效益的分散投資。不過，還有一種分散退休資產的簡單方法，跟選擇的投資標的無關。

　　莫非定律（Murphy's Law）說，凡是可能會出錯的事，就會出錯。股票投資人在拿捏進場時機時，往往有這種感覺，老是擔心會在大崩盤前進場投資。作為退休金的長期儲蓄者的優點，就是**買進的股票會分散在各種股票市場的環境下**。

　　絕大多數的投資大眾，都不會第一次進場就投入一大筆資金，除非老爸老媽超級有錢，要不就是繼承了大筆遺產。你會定期從薪資中撥出一筆錢來投資，或者在固定日期從銀行帳戶提撥一筆錢，一步一腳印地累積財富。

　　這種平均成本法會分散在不同時間點，有時在股市頻創新高時買進，有時在股市大跌時買進，有時則是介於兩者之間時買進。如果你像這樣規律地投資，代表有時花相同金額會買到比較多股（當市場下跌），有時則是買到較

把小錢滾成大財富

少的股數（當市場上漲）。

這個策略最重要的在於，乖乖買就對了。試圖精算買股的時機點，到頭來反而不盡人意，因為股市漲跌如賭博，沒有人一直都是贏家，哪怕你只在市場下跌時買進；換言之，「買低賣高」的古老投資建議，結果並不如預期。

財經作家馬奇烏利（Nick Maggiulli）進行了一項研究來測試上述理論，他比較了兩種買股策略，一種是簡單法，一種是神算法。第一種策略是 40 年間每個月固定投資 100 美元（經過通貨膨脹調整）到美國股市，我們稱此為簡單的投資策略。神算的策略則是完全不合乎現實，它假設你只在股市兩個空前高點之間的絕對低點才投入 100 美元，因此，這不光是逢低買進的策略，而且還是在每個週期的市場底部買進。

結果，哪一種做法勝出？

答案是，簡單投資法竟然擊敗神算法，從 1920 年代

起，勝利的比率高達 70％；神算策略錯過了市場最低點，使勝率從 30％掉到僅剩 3％。再加上，沒有人厲害到能在每次空頭市場的底部或接近底部時進場，這就是即使兔子的速度像博爾特（Usain Bolt）＊那麼快，烏龜還是贏得比賽的緣故。馬奇烏利的結論是：「即使是上帝，都贏不了平均成本法。」

簡單法能打敗上帝，是因為有規律的投資，長期下來會讓存下的錢有更多時間成長。老是試圖在市場低點投資，代表了在場外觀望，並且錯過優渥的股利和市場增值，加上股市在經過一段時間後，上漲的機會多於下跌，如果想算準買點，可能得等很久，才會遇到較好的進場時機。

平均成本法有時會讓你買得比較貴，有時比較便宜；有時你在股票價值被低估時買進，有時在高估時買進，唯

把小錢滾成大財富

一要緊的是繼續買，如此一來，你就不會受制於任何一個時間點。從這個角度來看，股市波動不再是敵人，而是朋友，能讓你在不同市場環境的不同價位上取得平均值。

作為一個淨儲蓄者，你應該樂見股市三不五時跌一下；未來還有幾十年的年輕人，每天晚上睡覺前應該祈禱股市下跌。

唯一要緊的是繼續買。幸好 401(k) 的參與者，在每次領薪水的同時也持續進行投資。

繼續買，尤其在股票下跌時。

Chapter 14

虧錢乃兵家常事

生命中只有三件事確定會發生，那就是死亡、課稅和股市下跌。美國股市從 1950 年以來，有一半以上的時間經歷了二位數的下跌，每十年間有九年在一年當中損失至少 5％。股市每隔一段時間抓狂是極其正常的事，因為人類經常會因為現實不如預期而抓狂。

　　作為股市投資者，你必須習慣處在損失的狀態下，因為市場絕大多數時間都是低於空前高點。從 1928 年以來，標普 500 指數在所有交易時段中，有大約 5％創新高，意思是投資人有 95％的時間處在跌勢中，股價從前一波高點下跌。

　　短期而言，市場賣壓的理由感覺很嚴重，而跌勢好像永遠停不下來。長期而言，投資人往往忘記過去股票下跌的明確理由，所有的修正都看似是買進時機。

　　將退休帳戶的錢定期進行投資的另一個好處，在於這在股市下跌時，有如打了一劑強心針，特別是那些剛開始儲存退休養老金、投資組合規模還不大的人。

沒有很多錢可用來投資的人，應該能忍受較高百分比的虧損，因為實際虧損的金額相對小。另一方面，投入大筆資金的投資人，虧損百分比相對低，但損失金額卻大上許多。例如以下虧損的金額，是根據不同投資組合規模和虧損百分比所算出：

投資 虧損	10,000 美元	50,000 美元	100,000 美元	250,000 美元	500,000 美元	1,000,000 美元
-10%	-1,000 美元	-5,000 美元	-10,000 美元	-25,000 美元	-50,000 美元	-100,000 美元
-20%	-2,000 美元	-10,000 美元	-20,000 美元	-50,000 美元	-100,000 美元	-200,000 美元
-30%	-3,000 美元	-15,000 美元	-30,000 美元	-75,000 美元	-150,000 美元	-300,000 美元
-40%	-4,000 美元	-20,000 美元	-40,000 美元	-100,000 美元	-200,000 美元	-400,000 美元
-50%	-5,000 美元	-25,000 美元	-50,000 美元	-125,000 美元	-250,000 美元	-500,000 美元

常識有言：「以同樣的下跌百分比來說，投入股市的錢愈多，虧損的錢也愈多。」反之亦然，反轉時，因為投入的資金較多，獲利金額也較高。

當你從小額開始投資，期待未來積少成多時，可以提高儲蓄率來彌補短期的虧損，我們稱這種做法為儲蓄替代率（savings replacement rate）。假設你有能力存入 IRA 所規定的最高金額（2020 年 IRA 的存入上限為 6,000 美元），以下是根據每年將上限金額存入 IRA，所算出的不同虧損程度的儲蓄替代率：

如果將上限金額（6,000 美元）存入 IRA，將會彌補的損失

投資虧損	10,000 美元	50,000 美元	100,000 美元	250,000 美元	500,000 美元	1,000,000 美元
-10%	600%	120%	60%	24%	12%	6%
-20%	300%	60%	30%	12%	6%	3%
-30%	200%	40%	20%	8%	4%	2%
-40%	150%	30%	15%	6%	3%	2%
-50%	120%	24%	12%	5%	2%	1%

投資組合 25,000 美元下跌 20％，會帶來 5,000 美元的虧損。看到錢暫時不見會讓人不開心，但是，把上限金

把小錢滾成大財富

額存入 IRA 帳戶，能彌補股價下跌對投資金額造成的損失，而且還有剩，在此例中的期末餘額成為 26,000 美元。

常識又說——把錢存入退休帳戶，無法提高實際的績效，但是在市場下跌時，如果你還能看到一些進展，則有助使你留在正軌上。如果盡可能把最高金額存入 401(k) 帳戶（2020 年的存入上限金額為 19,500 美元），會出現以下相同結果：

如果將上限金額（19,500 元）存入 401(k)，將會彌補的損失

投資 虧損	10,000 美元	50,000 美元	100,000 美元	250,000 美元	500,000 美元	1,000,000 美元
-10%	1950%	390%	195%	78%	39%	20%
-20%	975%	195%	98%	39%	20%	10%
-30%	650%	130%	65%	26%	13%	7%
-40%	488%	98%	49%	20%	10%	5%
-50%	390%	78%	39%	16%	8%	4%

如果你在 401(k) 帳戶中存了 250,000 美元，20％的虧損會等於目前蒸發 50,000 美元，感覺很痛，然而，把上限金額存入 401(k)，就相當於虧損金額的 40％左右（此處還沒把公司相對提撥的金額計算在內）。

還有一件事值得一提，那就是整體而言，股市虧損並不是永久的；**唯一永久的虧損，是當你恐慌出售的時候。**

這種思維方式很容易受群眾心理所左右，不過，這時候心戰喊話倒是挺有用的，因為在股市出現壓力的情況下，人不會依理性行事。**有時你必須哄騙自己繼續待在場上，因為當股價激烈變動時，賣股的誘惑也會大增。**

說服自己多存一點，會比大部分的人想像的還有用，因為光是知識，絕不足以改變你的行為。

把小錢滾成大財富

當資訊無用時

想想美國疾病管制中心（CDC）提供的統計數字：

- 1960 年代，被認定為肥胖的美國人只有 13%。
- 到了 1970 年代，以上數字接近 15%。
- 1980 和 1990 年代，肥胖症的數字暴增，超過 30%的人被歸為肥胖。
- 如今有三分之二的美國人被歸入超重或肥胖。
- 肥胖是第二大可預防的死因，僅次於吸菸。

上述數字最令人不解的地方，在於節食和運動狂熱首次出現在 1960 年代，大家花在這上面的錢多過以往，然而結果卻剛好相反。1989 至 2012 年間，美國人全體花在減重的錢超過一兆美元。

不過，這跟投資有什麼關係？美國的肥胖症成長率超過 50%，極度肥胖更是翻倍。如今節食、運動技巧、健身房和健身教練名師的資源空前豐富，美國人卻還是一年比一年不健康，超過一兆美元在近 25 年間被投入於解決一

個日益嚴重的問題，而情況只是每況愈下。

人性真是強大的力量，大到可能違反你自身的最大利益。**光是知識絕不足以改變行為**，只要看看本書前言中驚人的退休統計數字就知道，讀到那樣的數字，很難不讓人瞠目結舌、搖頭嘆氣。但是，嚇人的退休統計數字有沒有使人改變行為？當然沒有！

統計數字過目即忘，但故事會讓人記很久。大部分的人喜歡聽快速致富的謀略勝過穩健致富的建言，一窩蜂的食物盲從現象＊也是如此。小訣竅會比生活方式的整體改變更吸引人，因為前者使你覺得自己正在完成一件事，然而，這也跟小進步的力量恰恰相反——促使小損失快速發生。

把個人理財和節食運動相提並論，有老生常談之嫌，但可以清楚解釋為何具備財經知識的人，沒辦法幫大眾提

＊　編注：fad diets，意指與食物、減肥、節食等相關的健康資訊，未經科學證實，就在社會中快速傳播，導致大眾盲目追隨的現象。

升金錢管理的技巧。個人理財和追求健康之道的理論很簡單：

- **關於理財：**多賺少花，排定支出的優先順位，及早且經常儲蓄、投資，不要舉債無度。
- **關於健康：**規律運動，不要過度放縱享樂，避免過度攝取糖和碳水化合物，飲食有節，預先規劃好飲食習慣。

不幸的是，**除非搭配改變行為的具體計畫，否則資訊是無用的**。據估計，透過節食減重的人當中，95％的人最後會復胖，因為積習難改。

食物研究者溫成克（Brian Wansink）曾寫到：「最好的飲食法，就是你不知道你正在做。」

在實行一套可行的儲蓄和預算計畫時，你可以抱持這樣的心態。接下來，是如何將儲蓄和支出自動化。

Chapter 16

把儲蓄當成訂網飛

漫畫家葛拉斯柏根（Randy Glasbergen）的單格漫畫，完美呈現人生中幾乎每個理財決策都會遇到的衝突與矛盾。有一格漫畫是描繪一個男子坐在理財顧問的辦公室，說道：「再解釋一遍，為什麼退休後享受人生，會比及時行樂還重要？」

真是個大哉問。

這種內心掙扎可能導致兩種極端：有人完全不儲蓄，當個月光族，從不預先安排未來的財務；有些人則是一毛不拔，從不花任何錢或享樂。至於包括我們在內的其他人，則是一直努力想在「及時行樂」和「確保有資源享受餘生」之間取得平衡。

沒有一種適合每個人的理想平衡狀態，因為人各有不同的目標、需求、資源、期待和欲望。規劃未來財務時，最困難的在於沒有人能預知未來，也沒有人能打包票，因為沒有人知道什麼樣的變化球會投向自己。

把小錢滾成大財富

這些年來，我對這件事的想法改變了。我從有記憶以來就一直在儲蓄，所以，我的平衡點是提醒自己，無妨花錢在我有興趣的地方，其他則是能省就省。

假如存了一大堆錢，卻不去體驗或享受生活，也沒有意義。然而，如果銀行帳戶空空如也，可能會剝奪你現在或之後的人生樂趣，因此，這中間一直存在著取捨，是需要好好考慮的。

這年頭隨處都找得到有關股市和投資的資訊，個人理財顧問空前氾濫，然而，他們的重點通常是如何用各種方法儲蓄。**儲蓄當然是重要的，但等式的另一邊「花錢」卻沒有受到足夠的關注**，沒有人教過你如何花錢，或者更重要的，替支出的項目排定優先順位。

造成這種情況的原因之一，是因為沒有人真正打從心底喜歡編制預算，因為編制預算通常會讓人對自己的現況感到不滿。但是，了解如何花錢，以及把錢花在何處，是儲蓄計畫成功的一大重點。

編制預算通常有兩種方法：

- **手動計算**：分毫不差地追蹤每個支出項目的金額，了解錢的去處。
- **自動導航**：以最符合人性的方式，將支出和儲蓄盡可能自動化，只花剩下來的錢。

手動方式適合不想借助科技做財務規畫，同時要求全面檢查財務生態系統的人。個人理財大師拉姆齊（Dave Ramsey）主張採取「信封制」，把所有的錢分別放在不同的支出項目下，信封上貼著飲食、衣飾、娛樂、水電費等標籤；當一個信封裡的錢用完，可以選擇停止該類別的支出，或者挪用其他類別的錢。信封制的基本精神，是控制生活每一方面的花費。

手動計算沒有不好，但我偏好自動導航，因為比較不需要經常性的維護。**把理財設定為自動導航，需要較多的前置作業，但好處是可以維持一輩子**。杜拉克（Peter Drucker）曾經說：「如果只需做一個決定就行，別做一百

個決定。」理財自動化也是同樣道理。

理財自動化需要設定以下作業：
- 將每一項定期支付的帳單繳款自動化。
- 將信用卡繳款自動化，以避免支付高利息和滯納金。
- 將退休和儲蓄帳戶的投資提撥金額自動化。
- 將債務償還自動化。

你愈是能借助其他力量來做這些決定就愈好，省下無謂的滯納費用，以及銀行帳戶的透支手續費。據估計，前幾大信用卡公司，每年光是滯納金和利息收入就賺進 1,000 億美元。如果你的帳戶設定了自動扣款，就不必擔心這類不必要的支出，因為銀行每個月會自動將信用卡帳款從你的帳戶裡扣除。

一旦你成為真正的個人理財達人，就可以用一張提供獎勵的信用卡來支付所有自動扣款的費用，如此一來，大型金融機構其實是付錢給你使用他們的服務。這些獎勵可

能是旅遊點數、現金回饋，甚至是存入投資或儲蓄帳戶。這些金融機構能夠提供獎勵給持卡人，可見他們從那些不按時繳款的借款人身上賺到多少錢。

「先付給自己」是書中最古老的個人理財法則之一，因為這招有用。意志力稍縱即逝，如果你的策略是每個月底把多的錢存下來，最終注定要失望。大部分的人會把手頭的錢花到一毛不剩，因此，**訣竅是把儲蓄當成訂閱網飛，每個月固定在某一天扣款。**

401(k) 計畫稱不上完美，但這個退休帳戶有個很棒的特點，就是本身具備的方便性。當你設定好薪資一定的金額或是百分比，這筆錢之後根本不會進入銀行帳戶，而是自動替你存著，連花掉的誘惑都不會有，這很重要，因為惰性是改變行為的頭號敵人。

如果你不事先設定好，一旦習慣了目前的支出水準後，即使想做，也會變得困難。有人曾做過調查，在預設為參與器官捐贈的國家中（意思是你會自動加入該計畫，

把小錢滾成大財富

除非提出不參與的要求），90％的人會註冊捐贈器官；在預設為不參與器官捐贈的國家中（意思是你必須自己註冊加入），僅15％的人註冊捐贈。因此，預設值非常重要。

先鋒領航集團針對在 401(k) 計畫中，他們贊助的 1.3 兆美元進行大規模研究，發現設定為員工自動註冊加入的公司，儲蓄率比員工事後選擇加入的公司高了56％。他們也發現，當僱主採取「自動」加入，而不是「自願」加入退休計畫，35 歲以下、年薪低於 50,000 美元的員工儲蓄率，是自願加入退休計畫制度的兩倍。

盡量把理財生態系統自動化，會使你少花點時間在理財上。 你可以花掉提撥給退休儲蓄金後剩餘的錢，而且帳單的繳款會自動從帳戶裡扣除，如此一來，你就不必帶著罪惡感花錢，因為你已經搞定了理財的需求。這種做法也使你多花點錢在那些使你快樂的事物上，同時在其他方面少花一點。

當然，這個策略還是需要考慮哪些方面的花費，對你

而言是真正要緊的。當你對自己的優先順位有了更多的覺察，也就能清楚地知道在哪些地方可以少花點錢，確保在理財人生中少一點浪費。

無論採取哪種做法，了解自己的花錢習慣，會有很大的好處，能協助你釐清自己的優先順位。

如果你弄不清楚自己的優先順位，就不可能用有意義的方式儲存退休金。

把小錢滾成大財富

Chapter **17**

退休儲蓄帳戶的地位

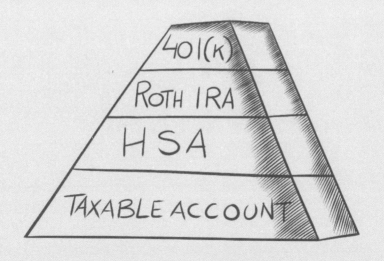

並不是每一位上班族都能享有高品質、低成本的職場退休計畫，許多僱主根本不具備資源或應有的知識，來挑選適合員工的計畫。最糟的計畫包括了高行政成本、高收費的共同基金，以及缺乏投資標的（以便適度分散投資組合）的選擇。

那麼，當你無辜被迫面對一個沒那麼好的計畫時，你該怎麼做？

你可以向公司的人力資源部門提出改變的請願，但不能保證他們會接納你的意見。大部分的僱主已經建立好關係，因此懶得從頭來過，這經常使得他們繼續維持著一個低於平均值的退休計畫。

無論你的基金選項多糟，如果公司有提供相對提撥，請一定、一定、**一定要接受**。這筆錢無須你付出代價，也是你儲蓄的自動報酬。拒絕公司的相對提撥，等於是拿了僱主給你的獎金支票後，點一把火把它燒掉。

截至 2019 年，先鋒領航的退休計畫中，有大約半數僱主會提供公司相對提撥，而提供相對提撥金的絕大多數僱主，會針對員工存下來的 6％所得提撥 3％。如果你有這個選項，算你運氣好，因為只要拿了那 3％，就會相當接近本書中所說的二位數目標儲蓄率。

假如你的退休計畫有個合適又低成本的目標日期基金或指數型基金的選項，那就太棒了，慢慢提高儲蓄率，把錢投入這類基金。現在許多計畫的贊助者容許你逐漸自動提高儲蓄率，以簡化投資程序；要是可以的話，盡可能提高到 401(k) 的存入金額上限。

如果受僱單位的退休計畫都是一些費用極高的基金，或沒有提供夠多的選擇，且公司沒有相對提撥，或者你的僱主不提供退休計畫，那麼下一個合理的步驟，是替你的 IRA 帳戶籌措資金。IRA 在許多方面與 401(k) 類似，最大的差異在於提撥上限較低，你必須在你所選擇的基金公司開設帳戶，可供選擇的投資標的則多出很多。

此外，還有提供給創業家的選項：SEP-IRA 和 Solo-401(k) 退休帳戶，但除了提撥限制和需要申請開設這些帳戶外，它們都與 IRA 類似。

　　無論是 IRA 或是 401(k)，近年來需要考慮的一點是，該選擇傳統（traditional）帳戶還是羅斯（Roth）帳戶。當你在納稅的時候，就能看出兩者的差異。

　　假設珍妮佛的年收入為 100,000 美元，她把其中 15％存入公司的 401(k) 計畫。珍妮佛每一年提撥 15,000 美元（不含公司的相對提撥額），存入傳統的稅前 401(k)，這表示她的應納稅所得為 85,000 美元；珍妮佛要等到退休，並且開始提領，這筆 15,000 美元才要繳稅。

　　假設她適用的稅率為 25％，並不是指她每年要納稅 25,000 美元（年收入 100,000 美元的 25％），而是只需納稅 21,250 美元（應納稅所得 85,000 美元的 25％），等於每年有 3,750 美元的遞延所得稅。請注意，我不會稱之為

把小錢滾成大財富

節稅，因為珍妮佛終究得針對這筆錢繳稅，但這是把錢存在遞延所得稅退休帳戶的初始好處。

現在來看看，如果珍妮佛決定利用羅斯 401(k) 來存退休養老金，結果會是如何。唯一的不同之處在於所得稅的處理方式。如果她的稅率為 25％，表示她每年需要納稅 25,000 美元，這包括她存入羅斯 401(k) 的 15,000 美元在內。但是，等她退休後、準備提領這筆錢時就無需納稅，因為之前已經繳過稅了。

做這類決定時不用想太多，因為沒有人知道以後的稅率會怎樣，所以很難用試算表得出傳統帳戶和羅斯帳戶的比較結果，特別是距離退休愈遙遠的人。但如果你想深入鑽研稅法，或許能想出一個最適當的策略來做決定。

對於那些想把事情簡化的人，我常會用分散稅收風險（tax exposure）的概念來說明。或許你透過僱主利用傳統 401(k)，但同時也撥錢到一個羅斯 IRA；如果僱主有傳統

帳戶和羅斯 401(k) 兩種選項，你也可以並用，如此一來，你現在能賺到一些所得稅優惠，同時還省下一些所得稅優惠給未來的你。

如果你已經還清了所有高利率的信用卡債，就去開立一個緊急儲蓄帳戶，並且將最高上限金額存進 401(k) 和 IRA，你就可以隨時轉到證券商或基金公司的應納稅帳戶，同時考慮挹注資金到其他目標，例如替孩子籌措大學學費的 529 計畫，或是醫療費用相關的健康儲蓄帳戶（Health Savings Account, HSA）。如果你在儲存退休養老金的路上，正處於這個時間點，恭喜，你的理財做得比絕大多數美國人都好。

現在，對於所有儲存養老金的人，該問一個最大的問題：你何時可以退休？

Chapter 18

你何時能退休？

當你剛開始決定儲蓄和投資時，滿腦子想的會是「致富」，隨著年齡增長、優先順位的變動，這種心態會變成害怕晚景淒涼。

我存的錢夠多嗎？

退休後要花多少醫療費用？

我什麼時候該領社會安全生活補助金？

萬一我退休後股市崩盤怎麼辦？

我要怎麼確定我的錢夠活一輩子？

以上都是值得思考的好問題，但也說明你對退休規畫程序的不確定感，並不會隨著到達退休年齡而結束。股市崩盤和不景氣會是可怕的事，特別是對於已退休、沒有人力資本或時間來等待漫長景氣低迷結束的人而言。

然而，你最大的風險不是市場或經濟情勢的動盪，而是人還沒走，錢就花光光。

管理退休後的財務，要在「短期穩定」和「長期成長」

的兩項需求之間取得平衡。如果你只是把錢埋在自家後院，光是 2% 的通膨率，在退休後的 30 年間，就會將購買力削減近半。於是，大部分的投資人會被迫冒險，接受自己的投資組合有些波動性，以確保有足夠的錢過上長遠的未來。

諾貝爾經濟學獎得主康納曼（Daniel Kahneman）曾說：「你如何理解記憶？你不研究記憶。你研究遺忘。」你也要用這個方式，來思考退休需要多少錢。你如何理解你退休需要多少錢？你並不是要算出一個數字，而是要搞清楚你的支出和儲蓄。如果你沒有真正理解生活要花多少錢，就無從了解需要存多少錢，或是賺多少所得。

你在生命週期中所處的位置，顯然與你對這些因素的看法大有關係。當你年輕的時候，幾乎不可能根據將來退休後要花多少錢，事先規劃正確的數字，因為有太多變數需要考慮，其中很多因素在你真正決定退休的時候，可能、也將會有所改變。

當你離退休愈來愈近，會更了解自己每年得花多少錢，以及退休後的想要、需要和欲望。從這些數字中，你可以做出更準確的估計，以判斷你的投資組合需要生出多少金蛋，來支應開銷。

如果不深入了解你的花費，就永遠算不出要存多少退休養老金才夠。若想要搞清楚你的儲蓄能供你活多久，可以從每月的開支開始計算，不僅要知道你的錢花在哪些地方，也要知道你**不會**把錢花在哪些地方。

你的房貸付清了嗎？有消費債務（consumer debt）尚未清償嗎？你的孩子需要你資助嗎？維持高儲蓄率直到退休，加上沒有什麼債務負擔，會使你存的錢讓你過得比較久。在鮮少債務負擔的情況下退休，能大幅提高財務彈性；在尋求財務自由時，高固定成本是最大的敵人。

退休後投資確實會帶來一些新的變數和風險，不得不慎。掌握支出是有幫助的，但還是要弄清楚每年該從投資組合中提取多少錢、哪些投資標的會賺錢、從哪些帳戶提

錢最具所得稅效率。

金融市場永遠不會直線前進，因此這個過程需要一些彈性，來因應市場的震盪和退休後支出模式的演變。投資計畫不需要隨每次股票漲跌而改變，但你確實需要把全球股市績效，納入你內在的期待。**任何有用的投資計畫都需要偶而修正路線**，俗話說得好：「計畫無用，但不可沒有計畫。」

如果沒有掌握自己退休後的所得來源，就不太可能實行一個健全的投資計畫。這些所得來源，可能是社會安全生活補助金和投資組合的投資收入，也可能是退休金計畫、繼承的遺產、租金收入或兼差，以補足支出的需求。

退休後要考慮的風險，包括退休養老的積蓄耗盡、通貨膨脹、緊急事件、計畫之外的一次性費用、醫療費、投資報酬的順序，以及普遍的市場波動。因此，為了替人生不期而遇的各種狀況做好計畫，務必將投資標的分散到股票、債券、現金和其他資產上。

退休的財務面看似千頭萬緒，但是，第一步不外乎是想清楚如何度過退休後的人生。如果不先釐清你想把一輩子的積蓄花在什麼地方，就永遠弄不清楚你的財務；**你儲蓄的一切理由是買到自由，換言之，你是在買你自己的時間**。

　　那麼，你要如何運用那些時間？旅行？當志工？多看點書？多花點時間陪家人？從事有興趣的計畫？如果還沒決定如何花你的時間和金錢，即使是全世界最棒的退休計畫，也發揮不了作用。

　　人往往花費幾十年來投資金錢，卻沒有好好思考如何投資時間。研究顯示，體驗和回饋社會往往能為退休族群帶來最大的幸福，且能夠避免因為離開職場而產生的失落感。

　　你可以做一大堆計算和試算表，但人生不可避免地會出現一些亂流，導致你當初的假設被證實是錯的。這是一種不幸的副作用，當你在面臨難以克服的不確定性時，試

圖進行計畫，就是會發生這種事；因為某方面來說，過程中會涉及許多猜測。

因此，財務規畫是一項過程，而不是一件事，並不是訂下行動的步驟後，餘生就分毫不差地按照計畫走；財務規畫應該是開放式的，因為一定會有一些修正的行動、更新、策略改變，以及必須做的艱難決定。

沒有完美的退休時機，一如沒有完美的投資組合。 如果你的個人理財已準備就緒，並了解生活的花費、退休後的收入來源，以及如何享受餘生，這會是個很好的開始。

但是，萬一你希望自己退休時是個百萬富翁呢？接下來看看需要哪些條件。

Chapter **19**

如何成為
坐擁退休金的富翁？

美國目前的百萬富翁約占人口的 5％，相當於每 20 人有 1 位。說穿了，100 萬美元沒什麼了不起的，但是，自從小說家（也是後來的英國首相）迪斯雷利（Benjamin Disraeli）在 1827 年首次使用「百萬富翁」一詞以來，就成為一個受人高度尊重的財富門檻。

　　富達投資（Fidelity Investment）是世界知名的大型退休基金公司，管理 401(k) 和 IRA 的資產超過 3 兆美元，然而，帳戶裡超過 100 萬美元的富達計畫參與者，僅占 1％左右。

　　成為 401(k) 的百萬富翁並不常見，因為不是件容易的事。不過，達成的可能性高嗎？來看看以下數字。假設使用 2020 年最高存入金額 19,500 美元的標準來估算，以下是屆滿 65 歲時達到 100 萬元，所需要的投資報酬：

起始年齡	65 歲達到 100 萬美元所需報酬
30	2.0%
35	3.0%

把小錢滾成大財富

40	4.8%
45	7.7%
50	12.8%

※ 假設每年投資 19,500 美元。

如果你正在閱讀本書，就不難理解趁年輕開始儲蓄的好處。30 幾歲開始將最高金額存入 401(k) 的人，達到 100 萬美元所需的報酬率算是相對低的門檻；等到坐四望五才開始儲蓄，想要達到七位數就困難許多，因為需要的報酬率比較高。

將最高金額存入退休帳戶並不容易，特別是 30 幾歲的人。學生貸款、房屋頭期款、小孩的開銷和計畫外的支出，導致處於該人生階段的人，很少有財力能將最高金額存入退休帳戶中。

根據先鋒領航集團的資料，年薪 50,000 美元、採取固定繳交退休養老金計畫的人當中，只有 4％的人存入 401(k) 的最高金額；年薪 50,000 至 100,000 美元的退休計

畫參與者，上述比率則增加至 11％。年薪 100,000 美元以上的人，有 32％將最高金額存入遞延所得稅的儲蓄帳戶。

此外，從零一下子跳到退休帳戶的最高金額、而不是逐步增加，也是很困難的。很少人或家庭有財力一下子就在退休儲蓄帳戶中存入最高金額。

假設你想利用積少成多的力量，慢慢增加儲蓄的金額，直到達到存入上限。如果你從 30 歲開始，每個月存入以下金額，而且每年提高 100 美元，直到達到上限，各需要以下報酬率：

最初的每月存入金額	最初的年儲蓄金額	需要的報酬率
250 美元	3,000 美元	3.3%
350 美元	4,200 美元	3.1%
450 美元	5,400 美元	2.9%
550 美元	6,600 美元	2.7%
650 美元	7,800 美元	2.5%

※ 假設每年增加儲蓄 1,200 美元（每月 100 美元），直到達到上限 19,500 美元；從 30 歲開始，65 歲結束。

把小錢滾成大財富

以下是從 35 歲開始，其他情況不變：

最初的每月存入金額	最初的年儲蓄金額	需要的報酬率
250 美元	3,000 美元	5.1%
350 美元	4,200 美元	4.7%
450 美元	5,400 美元	4.4%
550 美元	6,600 美元	4.2%
650 美元	7,800 美元	4.0%

※ 假設每年增加儲蓄 1,200 美元（每月 100 美元），直到達到上限
19,500 美元；從 35 歲開始，65 歲結束。

如果以 40 歲為起始點：

最初的每月存入金額	最初的年儲蓄金額	需要的報酬率
350 美元	4,200 美元	7.4%
450 美元	5,400 美元	6.9%
550 美元	6,600 美元	6.5%
650 美元	7,800 美元	6.2%
750 美元	9,000 美元	5.9%

※ 假設每年增加儲蓄 1,200 美元（每月 100 美元），直到達到上限
19,500 美元；從 40 歲開始，65 歲結束。

在這些例子中，需要的報酬率低得驚人，但紙上談兵畢竟比較容易，特別是涉及金錢的時候。**談到儲蓄、投資和理財，永遠是心理學的運作多過數學。**如果我說，**每個人都能成為 401(k) 的百萬富翁**，會是不理性的，因為有些家庭或個人永遠沒有能力按時存入那麼多錢。

無論是否能成為 401(k) 的百萬富翁，這份資料讓我們了解：

- **一致性是重要的，無奈人生充滿不一致。**從相對年輕的時候就開始養成儲蓄的習慣，可以彌補個人缺乏投資眼光，或是金融市場的報酬低於平均。不過，長時間保持儲蓄的習慣，大概會是困難的事，因為人生充滿各種驚奇。如果你是機器人，存下一大筆錢應該不難，可惜你不是。人生充滿變化球，你應該根據變化來做計畫。

- **改變可能會破壞你的退休計畫。**若要使上例所舉的數字奏效，唯一方法就是不斷把錢存

把小錢滾成大財富

入 401(k)；至於無法奏效的原因，包括用
401(k) 借款、因為換工作而提取 401(k) 帳戶
的錢，或是提前提領 401(k) 而付出解約金。
想把小錢變大，需要的是耐心，但若缺少了紀
律和一致性，耐心也無用武之地。

• **不同的人對於「足夠」有不同的定義。**退休計
畫沒有完美的數字。最終目標永遠要看個人狀
況、生活水準、支出偏好、選擇的生活方式，
以及金錢觀。

　　書中有關儲蓄的演練，大多是用來說明年輕時開始存
錢的好處，但即使比較晚才開始存退休金，還是有成功的
希望。

　　下一章將探討，如果是等到 40 或 50 歲才開始做退休
計畫的人，該做哪些事。

Chapter 20

太晚才開始存退休金，怎麼辦？

現在有這麼多大齡男女尚未為退休做好準備，有許多理由。有些人單純是收入沒有多到有閒錢為晚年著想，有些人則是工作運不順、在理財方面遇到壞榜樣、個人理財習慣不良，或者缺乏金錢管理的知識。家有三個小孩的我，能夠體會為何許多家長會把孩子放在支出的第一優先順位上。

無論理由為何，有不少人後悔當初年輕一點就開始存錢該有多好，可惜沒有。40 或 50 歲才開始存退休金並不理想，但也不代表注定失敗。如果比較晚才開始為退休規劃，還是可以採取幾個步驟，替退休後的人生籌措財源，只要做幾件可能讓你不太舒服的事，同時停止浪費時間。

最好開始儲蓄的時間是 10 年前，**第二好的時間是今天**。如果你是這種情況，不要沮喪，很多相同情況的人會認為太遲而索性放棄，但實情並非如此。

年紀較長才開始存錢，有幾個潛在的優勢。例如，你應該是處在收入的巔峰期，孩子很可能已經離家，不再靠

把小錢滾成大財富

你賺錢來養，空巢族可以把原本給孩子的大學學費或其他費用存起來；此外，你可能已經還清貸款，如果多年來你一直在清償負債，現在就可以馬上把這筆錢轉去儲蓄。

美國政府甚至提供追加條款（catch-up provision）給超過 50 歲的受僱者（截至 2020 年，除了標準提撥限制外，401(k) 和 IRA 分別可以多存入 6,500 美元和 1,000 美元）。

你可能會為了追趕進度，而禁不住誘惑，投入高風險的投資標的，但是，若要花 10 到 20 年的時間，趁退休前累積退休老本，**存錢依舊是遠比投資重要**。

假設卡爾和卡菈·卡爾森都是 50 歲，都沒存什麼退休養老金。孩子現在已經獨立在外，因此，他們可以火力全開存錢，把失去的領土拿回來。卡爾想藉由多多冒險來彌補之前沒能存下來的錢，而卡菈則寧可提高儲蓄率，來收復失土。

卡爾森夫婦目前家戶所得為 100,000 美元，每年隨生

活成本調整提高 2％。卡菈預期投資標的每年複利 6％，想存下收入的 20％；卡爾則認為他只靠買賣股票、少存點錢，就能賺更多。卡菈覺得卡爾對自己的選股能力太有信心，她寧可多存點錢，也不願接受較高風險的投資策略。

這對夫妻想在 65 或 70 歲退休，但又不確知在這麼短的時間內，能存到多少錢。他們目前的計畫如下，其中一個的儲蓄率較高，另一個是卡爾憑著選股功力賺了很多錢。

儲蓄率	投資報酬率	10 年後	15 年後	20 年後
10％	6％	143,977 美元	264,029 美元	432,112 美元
20％	6％	287,954 美元	528,058 美元	864,225 美元
10％	12％	192,013 美元	418,634 美元	826,370 美元

※ 假設收入 100,000 美元，每年成長 2％。

即使卡爾的投資順利，是卡菈目標報酬率 6％ 的兩倍，但提高儲蓄率依然會帶來較好的結果。卡爾森夫妻的

儲蓄率從 10％提高到 20％所帶來的結果，優於投資報酬率從 6％提高到 12％，即使是經過 20 年。此外，卡爾很可能不是巴菲特第二，因此，提高儲蓄率遠比提高投資報酬率容易。

提高投資組合的風險，無法保證更多獲利；市場不會因為你需要，就給你高報酬。你的儲蓄率是由你控制，但沒有人能控制金融市場的報酬。比較可能的情況，是卡爾冒更多風險，結果卻減損了他們儲蓄的績效表現，因為專業人士的選股績效紀錄很差，更別說是業餘者。

年輕時開始儲蓄是重要的，能幫助你確實養成理財習慣，讓複利替你的錢滾雪球。但是，儲蓄對於儲存退休金進度落後的人來說，或許更加重要，因為你沒有很多年可以讓複利發揮作用。

意思並不是說，你一退休就不再是個投資者。根據社會安全管理機構的資料，今天退休的夫妻，有 50％的機率至少其中之一會活到 90 歲以後，你退休後還是有 20 至 30

年的時間來管理你的錢。然而，如果退休後不工作的話，你作為賺取所得者和儲蓄者的身分是有年限的。

卡爾和卡菈還有其他延續投資的方法。投資專家艾利斯（Charles Ellis）發現，將退休年齡從 62 歲延後到 70 歲，可能使需要的儲蓄率降低 50％以上。延長工作年限不僅可以存更多錢，也使那些錢有更長的時間複利，減少投資組合在退休後需要持續的時間，還能將領取社會安全生活補助金的請領年齡延後。

將請領社會安全生活補助金的年齡，從 62 歲延後至 70 歲，能提高每月給付額超過 70％。有些人不想延長工作年限，但是，對那些有意願且有能力的人來說，能夠大幅增進退休後的財務狀況。

無論你是否較晚才開始儲存退休養老金，知道自己何時才能退休，對每個人來說都是一種心理掙扎。

接下來是美國最重要的退休計畫。

社會保險是什麼？

1930 年代，由於經濟大蕭條及後續的影響，毀壞了養老金計畫和家戶的財務狀況，失業率飆升到 25％，許多人失去一生的積蓄，當時沒有所謂的社會安全網，大家多少得靠自己。

1935 年，羅斯福總統在簽下社會安全法案（Social Security Act）的同時宣布：「我們一直致力於為廣大百姓及其家庭立法，提供一些免於失業和老年貧窮的保障措施。」從那時起，社會安全制度支付給國民近 8 兆美元。

1943 至 1954 年間出生的人，法定退休年齡為 66 歲，之後逐漸延長，1960 年及其後出生者的法定退休年齡為 67 歲。你可以選擇在 62 歲領取社會安全生活補助金，但是，領取的金額會比到法定退休年齡才領取少 25％；等到 70 歲才領取，會比在法定退休年齡領取多 30％。過了 62 歲以後，每多等一年，就增加約 8％的社會安全生活補助金。

社會安全生活補助金在多數時間當中，是美國聯邦政府預算最高的計畫項目，儘管社會安全法案不是完美的退

休解決方案，卻幫助了數百萬人在退休後活得有尊嚴。

一般的勞動人口，可望該計畫替代約 30 到 40％的所得。由於該計畫為遞增式，因此，生活補助金對低所得工作者的替代率較高，工資最低的 20％工作者的所得替代率，大約比最高的 20％工作者高出二至三倍，也有助於縮小那些沒有儲存退休金或擔心金融資產不夠的人的差距。

如果估算接受社會安全生活補助金給付期間的平均金額，那筆收入現金流的現值，會落在 200,000 至 300,000 美元之間，視使用的折現率而異。

我知道很多人會想：「聽起來很讚啊，但社會安全制度是龐氏騙局！等我需要的時候就沒錢了，根本靠不住。」

我不喜歡當報喜訊的人，但以上說的情形八成不會發生。人愈活愈長壽，未來幾年，7,300 萬個嬰兒潮世代的人，要不就是已經退休、即將退休，不然就是計劃退休，這的確會對制度帶來一些壓力。

美國的社會安全信託委員會（Social Security board of trustees）每年都會公布報告，包含更新的統計數據和估計，說明該計畫的財務狀況。該機構預估，2034 年提領補助金的退休族群，會多於透過薪資稅把錢存入的工作者。1974 至 2008 年，每一位社會安全制度的受益人，有 3.2 至 3.4 位工作者支撐；到了 2035 年，嬰兒潮世代大多退休時，估計將只有 2.3 位工作者支撐每位受益人。

也難怪，這麼多人擔心等到自己退休時，已經無錢可領。然而，只因為比較少工作者支撐該計畫，不代表資金會完全枯竭。美國國會預算辦公室（Congressional Budget Office, CBO）估計，社會安全生活補助金仍會有近 80％是由薪資稅支應，當這種情形發生時，政府可以決定削減 20％的社會安全生活補助金。但我懷疑這種情況發生的可能性，原因如下：

- **太多人仰賴社會安全制度。** 預算與政策優先順位中心（Center on Budget and Policy Priorities）估計，每 10 位美國的年長者之中，

會有 3 位在沒有社會安全制度的協助下處在破產邊緣；超過 1,000 萬名年長的美國人，曾經因為社會安全制度而脫離貧窮。

社會安全生活補助金也是許多美國人的一大退休收入來源，約半數年長者有至少 50%的退休所得來自社會安全制度；4 位年長者中，大約就有 1 位從該制度領取 90%的退休所得。

頭腦清楚的政治人物，有幾個人會動念削減最大票倉的利益？這麼做等於是斷送政治生涯。

- **該計畫設有簡單的補救措施。**政府可以索性提高赤字，以繼續提供未來社會安全制度的資金，但有幾個簡單的補救措施，可以合理地讓該制度處在較為健全的財務狀態。

你的補助金的計算方式，是根據你在職業生涯中的所得，以及開始請領的年紀。為了避免讓年長者不開心，政府可以提高年輕人的退休年齡，到特定的分界點（cut-off point）之下，或者調整收益上限（earnings cap）、薪資稅或生活成本。

政府可以採取幾種手段來減輕該計畫的財政壓
力，也可以隨時縮減其他方面的支出（我在騙
誰？他們應該只會舉更多債）。

- **政府支出只受政治意志的限制。** 政府支出不受
  界限的限制，而是政治意志。美國根本不會沒
  錢，只要按個鈕，就可以印更多鈔票，因此，
  年輕人使用不到社會安全制度的唯一可能，就
  是如果政府斷定這不是優先順位。
  未來幾十年，你領到的錢可能比較少，或者得
  多等幾年才能開始請領，但我可以相當有把握
  地告訴大家，只要繼續繳納薪資所得稅，就能
  預期在退休後領到社會安全生活補助金。

社會安全制度是美國重要的退休帳戶，但還有另一個
退休計畫，是美國的教師賴以維生的財源。

接下來，將深入探索 403(b) 帳戶的優點和缺點。

Chapter 22

其他退休金
計畫的選項

401(k) 計畫是美國最為人熟知的職場退休計畫，此外，還有個針對非營利組織的退休金計畫，稱為 403(b)。403(b) 的參與者，包括公立學校的教師、學校行政人員、政府僱員，以及醫院的醫療工作者。

兩者最大的差異在於，許多 403(b) 計畫屬於「非 ERISA」，意思是無需遵循「受僱者退休所得保障法案」（Employee Retirement Income Security Act, ERISA）的規定，這對於 403(b) 的工作者並不有利，因為它除去了參與者的基本保護，誘使無良的僱用單位利用人們的無知，這在公立學校的教師之間最為常見。

403(b) 是從 1958 年開始實施，比 401(k) 還要早，但這也只是它唯一贏過 401(k) 的地方。缺乏法規的拘束力，代表僱主在大部分的情況下鮮少參與 403(b)，且 403(b) 包含的保險產品遠遠較多。1974 年以前，保險產品是唯一的投資選項，之後才改變規定，替共同基金開了大門。

此外，由於學校本身沒有信託義務（fiduciary duty），

而信託義務是為了參與者及其受益人的最大利益所設的法律義務，這使得許多參與 403(b) 的教師和其他人等被占了便宜。

在對的狀況下，年金保險是有用的保險產品，問題在於遞延所得稅的退休帳戶並不適合這些產品，因為收費往往超乎尋常地高，且大部分的教師並不了解這些產品會如何處理自己一生的積蓄。

推銷年金保險的人，利用教育從業人員對於無人維護自身最大利益的擔憂心態，趁機大撈了一筆。銷售這些產品的公司經常支付行政費用，以換取在廠商名單上較高的排名，就像狼披上了羊皮，以便接近老師們，推銷那些 401(k) 絕不容許的產品。若想要擁有共同基金，包裹式年金（annuity wrapper）＊可能是全世界最貴的方式；這些產

＊　譯注：是一種遞延年金，會給予領取年金者或投資者權利，來選擇年金計畫中的投資標的。保險公司會提供年金包套給個人，以提供退休後的穩定收入。

品的出現，是為了替投資人創造所得，而不是累積財富。

怡安保險經紀人公司（Aon Hewitt）估計，教師的 403(b) 計畫有 76％的資產屬於固定或變動年金，剩餘 24％為共同基金，這並不正常。教師們不是投資單純的目標日期基金或指數型基金等 401(k) 常見到的基金，而是被牽著鼻子去投資那些連金融界的金頭腦都搞不清楚的複雜年金。

這些年金的費用每年可能有 2 到 3％、甚至高達 5％的業務員佣金，如果想提前賣掉產品，還會產生 5 至 7％的提前解約費用；即使是全世界最棒的避險基金，都沒有這種條件。了解這些產品的唯一方法，是閱讀數百頁的公開說明書——這些說明書是由律師撰寫，目的是用來保護保險公司，而不是投資這些產品的教師們。

除了法規規定對這些計畫而言過於鬆散，太多投資選項也使得教師不知從何選起。

把小錢滾成大財富

2000 年，心理學家發表了一份關於果醬的研究，說明太多選項可能使人無法做出正確的退休投資選擇。這份研究是在一間食品雜貨店進行，購物者在不同天看到店內陳列不同的高檔果醬，其中一天購物者享有 24 種果醬的一美元折價券，另一天則只有 6 種果醬。種類較多，往往會引起購物者較大的興趣，但是，相較陳列的果醬種類較少，前者實際購買的人僅是後者的十分之一。

這就是選擇的矛盾——我們假設選項愈多愈好，但是，到頭來往往疲於分析；特別是在退休規畫的領域，參與者通常處在資訊劣勢。保險業說，教師應該要有較多選擇，但這點卻違背了行為財務學（behavioral finance）的所有法則。

由於教師大多透過個人合約來購買年金，因此就無法像 401(k) 計畫贊助者那樣，基於規模經濟而交涉到較低的費用。怡安保險經紀人公司估計，若把所有數字相加起來，**教師付出的費用，比一般 401(k) 計畫多了 100 億美元**。既然如此，教師該如何自救？

不要假設你的退休金能完全支應你的生活所需。退休金讓教師處在比大部分人好一點的狀況，但或許仍不足以支應退休後的經濟所需。大部分的退休金並未隨著通貨膨脹而調整，因此退休二、三十年後，會發現退休金的購買力因為物價上漲而逐漸下降。

此外，許多教師會在退休金完全期滿生效（fully vested）前離職，正因如此，只有不到三分之一的教師會在一開始參與 403(b)。而且，若你假設退休金將能支應退休後的所有開銷，這代表你可能因為浪費了大部分存錢的重要歲月，最後沒能長期讓複利替你賺該賺的錢。

年輕教師更是如此，他們無法像許多較年長的老師那樣領取較優渥的退休金，許多州的退休金計畫資金嚴重短缺，導致未來更有可能削減可領取的金額。此外，值得注意的是，美國有 15 州的教師不在社會安全制度的涵蓋範圍內。無論如何，你還是要為自己的退休規畫負起責任。

只投資你懂的低費用基金選項。如果有什麼事是你不

懂的，就別投資。複雜的問題，不見得需要複雜的解答；這個道理應用到投資上，就是保持單純、挑選低費用且容易理解的基金、絕不把錢放在你無法向六歲小孩解釋的選項上。把這些選項加入計畫相當簡單，而如果你的計畫不提供低費用的基金選項，就去要求你的僱主提供。

在 403(b) 計畫之外儲蓄和投資。如果你的 403(b) 計畫的條件提供相對提撥，當然不要拒絕。然而，沒有法律明定你不能在學校的 403(b) 計畫之外，開設 IRA 或應納稅帳戶去進行投資。這麼做並不方便，但當你在大多數信譽良好的基金公司、自動化投資顧問或證券商設定好之後，只需按幾個鍵，整個儲蓄與投資的程序就能自動化；這是一個比高價年金好很多的選項。

許多投資人以為，金融從業者在提供理財建議時，必須把顧客的最大利益放在心上，不幸的是，對教師來說不見得是如此。請小心。

最後，我們來看一下個人理財的 20 條法則。

Chapter 23

20 條個人理財法則

想像自己打算來一次葛雷斯沃德（Clark Griswold）[*]風格的夏季家庭公路旅遊。

你把每一站的行程計畫都做好了，包括住宿的旅館、要去的景點，甚至是要在旅途中用餐的餐廳的美食評論。

出發的日子終於來臨，旅行的期待往往比度假本身更令人興奮，全家興高采烈，蓄勢待發。

大夥兒鑽進家庭休旅車，然而，就在即將出發前，有人發現老爸忘了加油、大家都還沒打包行李、有人忘了帶零嘴，而且車上沒有 iPad 讓後座的孩子乖乖不吵。

以理財方面的比喻來說，就是你已經想出了全世界最高明的投資策略，卻沒有首先領悟個人財務規畫的重要性。的確，如果希望透過複利來增長財富，投資是重要

---

* 編注：1989 年的電影《瘋狂聖誕假期》（*Christmas Vacation*）的男主角。

把小錢滾成大財富

的。但首先，若你無法存錢、把個人財務打理好，即使你有巴菲特的聰明才智也無用。

本書的重點，是說明個人理財和儲蓄的重要性。在進入結論之前，我想先歸納以下 20 條個人理財法則：

1. 避免受信用卡債所苦。個人理財的第一條法則，是絕對不要欠信用卡債。信用卡借款利率高得嚇人，付出這麼高的利息，很容易就會讓複利吃掉你的淨值。並非所有負債都必然是壞的，但信用卡債絕對是最糟的一種。如果你長期積欠信用卡債，代表你還沒準備好把錢投入市場。

2. 務必建立信用。你這輩子最大的支出，很可能是房貸、車貸和學貸的利息。擁有良好的信用評分能降低借款成本，替你省下數萬、甚至數十萬美元，因此，請利用信用卡來建立優良的信用紀錄，每個月一定要付清帳單。首先，把所有自動扣款的帳單，設定成以同一張卡片每個月自動扣款，會是個不錯的做法。

3. 收入不等同於儲蓄。賺很多錢和致富是完全不同的兩回事，因為你的淨值遠比賺多少錢重要，許多人沒有認知到這個簡單的事實，這點非常令人驚訝。高收入不會直接讓你變得富有，而低收入也不直接等於貧窮，重點在於存下多少收入，而不是花掉多少。任何人都可以花錢炫富，殊不知真正的財富來自沒有花出去的儲蓄。

4. 儲蓄比投資重要。賺了錢先存起來是個簡單的建議，只是很少人這麼做。最好的投資決策是設定高儲蓄率，因為它能提供你生活的高度保障。你無法控制利率、股市績效，或者不景氣和熊市何時到來，但你可以控制自己的儲蓄率。

5. 賺多花少，而不是賺多少、花多少。在理財方面高人一等的唯一方法，就是讓消費力維持在賺錢能力之下。賺多少花多少，或者賺少花多，會使你成為月光族而累積不了財富。在理財上，唯一超前部署的方式是賺多花少，並且提撥收入的一部分供未來之用。先苦後甘沒什麼

把小錢滾成大財富

吸引力，就把它想成替自己賺取未來的時間、可以隨自己高興做想做的事。

6. 若想知道自己支出的優先順位，只要看每個月都把錢花在哪裡。如果想掌控財務，就必須先了解自己花錢的習慣，把錢花在對你重要的地方，其他方面則省下來。如果你賺了錢先存起來，就不用擔心編制預算，可以把多出來的錢花在對你真正要緊的地方。

7. 把所有的事情自動化。多存點錢、避免滯納金，同時讓生活更加便利的方法，就是盡可能把理財的大小事自動化。目標是先做好大的決定，就不需要浪費太多時間與精力去關注理財的事。我每個月只花大約一小時，來了解當月收支的來龍去脈，因為我已經把家中理財相關的絕大多數事情設定為自動導航模式。

8. 審慎做大筆金額的購買。我知道我不該這麼刻薄，但每當我看到路上那些 50,000 至 70,000 美元的休旅車，或是大而無當的偽豪宅時，腦中出現的第一個想法是：「真

不曉得他們存了多少退休金?」個人理財專家經常辯論午餐便當和拿鐵這類雞毛蒜皮的小事,其實諸如買房、買車等大筆金額開銷,才是理財成功與否的關鍵。若在這兩個項目上沒有節制,就像沉默的殺手,因為房屋與車子代表固定成本,且伴隨的連帶費用是大部分人都沒有察覺的。

9. 建立活期儲蓄帳戶。我不想再稱之為緊急儲蓄帳戶,因為這些「急用」大多會定期發生,你的每月支出應該考量到不時會有非經常性、但可預期的費用。結婚禮金、度假、修車和醫療支出,從不會出現在預先設定的支出表格中,但你可以每個月預留一筆錢做以上之用,屆時才能從容應付。

10. 滿足你的保險需求。這又是個人理財的另一個安全保障項目。我的朋友兼同事諾威(Jonathan Novy)常對我說,買保險是怕萬一死亡或失能,對自己的事業或家庭造成財務上的衝擊。你要衡量在財務上可能遭受的影響,並針對這個金額保險。要記住,保險是用來保護財富,而不是累積財富。

11. 絕對要取得僱主的相對提撥。我已經說了無數次，那些 401(k) 計畫沒有存夠錢的人，絕對要取得僱主的相對提撥；否則就好像每次發薪水的時候，把薪資的一部分拒之門外。我樂見更多人的退休存款達到存入金額的上限，但你的存款最起碼要能獲得僱主的相對提撥，才不會錯過該拿的錢。

12. 每年多存一點。很少人的經濟能力能立刻做到如我所說，每年把收入的 10％至 20％存起來，因此，訣竅是每次加薪就提高儲蓄率，如此一來，你永遠不會察覺自己的錢變多。想要避免生活方式的通膨＊，可能是困難的，但財富也是這樣累積起來的。你愈早把錢存下來，就愈不會發現這筆錢從沒進到你的帳戶裡供你花用。

13. 慎選朋友、鄰居和配偶：羅伯特‧席爾迪尼（Robert Cialdini）博士曾寫過許多有關社會認同（social proof）的

＊　編注：lifestyle creep，意指隨著收入提高，可支配的金錢增加後，人們可能會選擇花更多錢去購買更昂貴的東西。

文章，以及人如何鏡射他人的行動以獲得接納。企圖向揮金如土的朋友或鄰人看齊，會是場永無止境的賽局，沒有人是贏家。與金錢觀相近的人共度人生，會省去許多不必要的壓力、嫉妒和無謂的花費。只要照自己的路走，別擔心比不上鄰居。

14. 更經常地談論錢。 這年頭的人，只要聊天五分鐘就會提到政治，但是，金錢或多或少依然是個禁忌話題。跟配偶談錢；請別人幫忙；別拖延財務問題而任其惡化。金錢會以某種方式影響生活的所有方面，重要性大到不容忽視。

15. 買東西終究無法使你更快樂。 購物療法（retail therapy）能短暫地增加腦中的多巴胺，但終究會褪去。買東西無法使你更快樂或更富有，因為真正的財富都不是你亂花錢就能買到的。體驗（experience）能使你花費極少的成本就獲得極大的享受，花點時間陪陪所愛的人，是你最棒的投資之一。

16. 讀一本或十本書。市面上的個人理財書何其多，如果這些書讓你無聊得要死，你至少還是要瀏覽幾本，從中挑出幾個最好的建議來試試看。高中和大學都應該教導個人理財，但卻沒有這麼做，因此你必須主動學習。沒有人比你更關心你的錢，投資一些金錢、時間和精力到自己身上，是最棒的投資。

17. 知道自己的經濟狀況。每個人對自己真正的淨值應該要心裡有底。在你知道自己想去哪裡之前，應該要先知道你位於哪裡，也就是把所有資產加總，減去所有負債，如此一來，你就能大致預期儲蓄率、市場報酬和投資組合的成長，也能大致明白最終的目標。由於現實永遠不會與期待相符，而這麼做可以使你在理財過程中，對儲蓄率、投資策略或財務計畫做出路徑修正。

18. 別小看納稅。每個人都應該至少試著報一次稅，並了解一切過程。報稅可能會複雜到讓人抓狂，但如果知道該注意哪些地方，長期下來可以幫你省錢。盡量利用稅收減免，而且一定要了解自己的所得稅狀況。在做儲蓄與

投資的決定時，永遠不要把稅收當成最重要的因素，但稅收絕對會是一個需要考量的因素。最佳的省錢項目，包括盡可能利用遞延所得稅的省稅工具，以及在使用應納稅帳戶投資時，讓買賣次數保持在最低限度，以避免較高的短期資本利得稅。

19. 賺更多錢。儲蓄及／或省吃儉用是理財成功的好方法，但如果你沒有在職業生涯中升官加薪，光只有儲蓄也不是個完整的策略。有太多人的心態都是覺得自己沒辦法得到更好的工作、承擔更多責任，或賺更高的薪水；你一定要學會推銷自己、充實技能，並且在經過一段時間後，談到更高的收入。加薪 10,000 美元，在職業生涯的歷程中，可能價值數十萬美元。

20. 別想著退休，要想著財務自由。你的目標不應該是工作到幾歲，好讓你從此過著幸福快樂的日子，而是工作到你再也不用擔心錢的問題。時間是世界上最重要的資產，因為你無法製造時間。

退休的概念還在進化，沒有人知道自己到了那個年齡時的心情。你要在財務上取得自由，讓你照自己的意思，決定如何花自己的時間。

結論

把事情簡單化

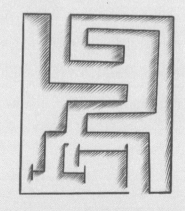

1840 年代，一位名叫塞麥爾維斯（Ignaz Semmelweis）
的匈牙利醫師注意到，在他服務的醫院的兩間產科病房
中，產婦分娩的死亡率出現了差異。塞麥爾維斯在維也納
的某醫院服務時，發現在醫師的產科病房中接生嬰兒的
產婦死亡率，是在助產士的產科病房中接生的死亡率的
三倍。

　　兩種產科病房的最大差異，是醫院的兩組工作人員在
接生的時間以外做了什麼事：醫師和醫學院學生會在太平
間對大體進行實驗，而助產士則否。醫師和學生們在碰過
大體後沒有清洗雙手，於是在接生的過程中，把各種病菌
與微生物傳給了產婦。

　　塞麥爾維斯建議要規定醫生清洗雙手，一開始被醫學
界嗤之以鼻，因為這和當時既定的看法相左。儘管早在 19
世紀就提出了微生物理論，但許多專家依然相信病菌和細
菌是自然產生的。最後塞麥爾維斯顯然被證實是對的，但
也花了很多時間才改變大家的想法。後來，產婦的平均壽
命大幅增加，如今，祖母依然在世的 20 歲美國人所占的

把小錢滾成大財富

比率，大於 1900 年母親仍在世的 20 歲美國人。

光是洗手就能為生活品質帶來如此巨大的改善，真是令人訝異，這也提醒了我們：**有效的建議不一定要是複雜的**。

雖然我無法證明百分百正確，但我認為在投資界，「簡單」能打敗「複雜」的理由如下：

人比較容易被隨機性與複雜性愚弄。只要一直扭曲資料，它就會挑出你想聽的話告訴你。複雜性會造成資料探勘（data-mining）、過度樂觀，以及在毫無因果關係的地方看見相關性。無論對錯，簡單化會使你較難在自己的系統中鑽漏洞。

戰術要複雜，系統要簡單。戰術是一時的，但是，對世界的運作方式抱持單純的哲學，有助你在許多不同的情況下做決定。簡單不會退流行。

簡單比較難。你必須花很大的力氣讓事情保持單純，因為人的天性衝動會使我們容易被故事影響。簡單比較像是心理的練習，而複雜則比較像是試圖在競爭中以智取勝。

複雜可能導致出乎意料的後果。有人說，簡單是經過深思熟慮後的縮減。福爾摩斯曾說：「如果削除了不可能，剩下的無論概率多低，都必定是真的。」反之，複雜性會為你展開遠遠更多的可能性和驚喜，而且不見得是以對你有益的方式。

複雜性可能使你誤以為自己在掌控中。作為一種應對的機制，人會給予自己有所掌控的錯覺，以避免壓力。確定性使人較為放心，但其實只是錯覺。即使與事實不符，投資人仍尋求確定性和掌控感。簡單是專注在你可以控制的、理解你無法控制的。

複雜的問題不需要複雜的解答。讓人接受簡單並不容易，因為人不相信複雜的問題不需要複雜的解答。每個人

把小錢滾成大財富

都想要相信世界上一定存在一個精密的投資必勝計策，只要找到祕密醬汁，所有問題將迎刃而解，這也是為什麼快速致富的祕訣永遠不乏群眾追隨。

簡單比較容易懂。能夠完全理解自己正在做什麼以及為什麼做，是一種無價的能力。簡單能帶來更高的透明度，使得合理的期待變得容易。查理‧蒙格（Charlie Munger）曾說：「簡單是透過使我們更理解自己在做什麼，從而提升績效的一種方法。」

或許本書的書名*有點誤導之嫌，你不會在書中找到所有關於儲存退休金所需要知道的每件事，但是，只要做對幾件簡單的事，你就做對了95％，其他都只是微調而已。如果你在金錢的決策上做對了三件重要的事，經濟情況就會優於絕大多數的美國人：

---

* 編注：英文書名為 Everything You Need To Know About Saving For Retirement，直譯為「關於為退休而儲蓄，你需要知道的每件事情」。

1. **把收入的二位數百分比存起來。** 人生或理財沒有百分百確定的事，但是，把收入的一大部分存起來，就能容許一些犯錯的空間。如果你無法立刻達到目標的儲蓄率，就試著逐步提高；你將看到一些小小的進展，進而慢慢朝目標繼續努力。

2. **盡量自動化。** 把帳單繳款自動化，把定期定額儲蓄自動化，每年自動提高儲蓄率。此外，投資策略要盡可能根據規則。

3. **別當自己的絆腳石。** 這對多數人來說是最困難的。光靠知識，不足以改變根深柢固的人性或自己的缺點。

你是否能採取更複雜的儲蓄和投資法，進而獲得更好的成果？當然可以。有些人就是這樣做，而且成功了。但是，時間可以花在更好的地方，像是從事專案計畫、陪伴孩子、跟朋友聚餐或小酌、開創新事業、收看網飛。別把所有時間都用來爭辯退休規畫和個人理財的細微末節。

要給出全面適用的理財建議是不可能的，因為有一大部分終歸要看個人的狀況、性格、所處的人生階段，以及個人與金錢的關係。

然而，如果你想出一個辦法，每年把收入的 10％至 20％存起來投入金融市場、把儲蓄和帳單繳款自動化、每年多存一點錢、分散投資標的且多半擺著不動，你的財務狀況將會優於美國絕大多數正在儲存退休金的人。其他所有一切都得來不費工夫。

有人曾經問過亞馬遜創辦人貝佐斯（Jeff Bezos），巴菲特給過他最好的建議是什麼。貝佐斯問巴菲特：「你的投資哲理這麼簡單，而你是全世界第二富有的人，而且是如此簡單就達成，那其他人為什麼不複製你的做法呢？」

巴菲特的回答是：「因為沒有人想慢慢致富。」

慢慢致富相當簡單，但絕對不容易。

＊　　＊　　＊

以下是這些年來在個人理財方面對我影響最大的幾本書：

- 《我教你變成有錢人：從第一筆收入開始做好理財規畫》（*I Will Teach You To Be Rich*），拉米特‧塞提（Ramit Sethi）著。
- 《下個富翁就是你》（*The Millionaire Next Door*），湯瑪斯‧史丹利（Thomas Stanley）與威廉‧丹寇（William Danko）合著。
- 《約翰柏格投資常識》（*The Little Book of Common Sense Investing*），約翰‧柏格（John Bogle）著。
- 《投資進化論：揭開投腦不理性的真相》（*Your Money and Your Brain*），傑森‧茲威格（Jason Zweig）著。

把小錢滾成大財富

參考資料

- "The State of American Retirement Savings." Monique Morrissey. Economic Policy Institute. December 2019. https://www.epi.org/publication/the-state-of-american-retirement-savings.
- "Report on the Economic Well-Being of U.S. Households in 2017 - May 2018." Board of Governors of the Federal Reserve System. https://www.federalreserve.gov/publications/2018-economic-well-being-of-us-households-in-2017-retirement.htm.
- *The Rise and Fall of American Growth: The U.S. Standard of Living since the Civil War.* Robert Gordon. Princeton University Press. 2015
- "How many states require students to take a personal finance course before graduating from high school? Is it 6 or is it 21?" Tim Ranzetta. Next Gen. Personal Finance. February 2020.
- Revenue Act of 1978. https://www.finance.senate.gov/imo/media/doc/Hrg95-93.pdf.

- "Two-Thirds of Americans Aren't Putting Money in Their 401(k)." Ben Steverman. Bloomberg. February 2017. https://www.bloomberg.com/news/articles/2017-02-21/two-thirds-of-americans-aren-t-putting-money-in-their-401-k.
- "They Saw a Game: A Case Study." Albert H. Hastorf & Hadley Cantril. *Journal of Abnormal Psychology.* 1954.

第 1 章

- *The Fifties.* David Halberstam. Open Road Media. 2012.

第 2 章

- *The Power of Habit: Why We Do What We Do in Life and Business.* Charles Duhigg. Random House. 2012.
- *Atomic Habits: An Easy & Proven Way to Build Good Habits & Break Bad Ones.* James Clear Penguin Publishing Group. 2018.
- "Temporal Reframing and Savings: A Field Experiment." Hal E. Hershfield, Stephen Shu and Shlomo Benartzi. UCLA. 2018.

第 3 章

- "Retirement Success: A Surprising Look into the Factors that

把小錢滾成大財富

Drive Positive Outcomes." David M. Blanchett and Jason E. Grantz. *The ASPPA Journal.* 2011.

第 4 章

- "The History of the Air Jordan." Foot Locker https://www. footlocker.com/history-of-air-jordan.html.

第 5 章

- *The Investor's Manifesto.* William Bernstein. Wiley. 2009.

第 6 章

- "Theo Epstein." The Axe Files. January 2017.

第 10 章

- "Beyond GE - U.S. workers own too much company stock in retirement plans." Mark Miller. Reuters. July 2018. https://www.reuters.com/article/us-column-milleremployerstock/column-beyond-ge-u-s-workers-own-too-much-companystock-in-retirement-plans-idUSKBN1K234Z.
- *Scale: The Universal Laws of Growth, Innovation, Sustainability, and the Pace of Life in Organisms, Cities, Economies, and Companies.* Geoffrey West. Penguin

Publishing Group. 2017.

- "The Agony & The Ecstasy: The Risks and Rewards of a Concentrated Portfolio, Eye on the Market Special Edition." Michael Cembalest. https://www.chase.com/content/dam/privatebanking/en/mobile/documents/eotm/eotm_2014_09_02_agonyescstasy.pdf.
- "Do Stocks Outperform Treasury Bills?" Hendrik Bessembinder. Journal of Financial Economics. 2018. https://papers.ssrn.com/sol3/papers.cfm?abstract_id=2900447.

第 12 章

- "Fund Fees Predict Future Success or Failure." Russel Kinnel. Morningstar. May 2016. https://www.morningstar.com/articles/752485/fund-fees-predict-futuresuccess-or-failure.
- "Even God Couldn't Beat Dollar Cost Averaging." Of Dollars and Data. Nick Maggiulli. February 2019. https://ofdollarsanddata.com/even-god-couldnt-beat-dollar-cost-averaging.

第 15 章

- *The Dorito Effect: The Surprising New Truth About Food and Flavor.* Mark Schatzker. Simon & Schuster. 2015.

- *Mindless Eating: Why We Eat More Than We Think.* Brain Wansink. Bantam. 2007.

第 16 章 --

- "'Opt Out Policies Increase Organ Donation." Francesca Scheiber. Stanford University. https://sparq.stanford.edu/solutions/opt-out-policies-increase-organdonation.
- "How America Saves 2020." Brain Alling, Jeffery Clark and David Stinnett. Vanguard. 2020. https://institutional.vanguard.com/ngiam/assets/pdf/has/how-america-saves-report-2020.pdf.
- "The Invisible Coach." Michael Lewis. Against the Rules. 2020.

第 17 章 --

- "How America Saves 2020." Brain Alling, Jeffery Clark and David Stinnett. Vanguard. 2020. https://institutional.vanguard.com/ngiam/assets/pdf/has/how-america-saves-report-2020.pdf.
- "These Workers are Saving the Maximum in Their 401(k) Plans." Darla Mercado. CNBC. August 2019. https://www.cnbc.com/2019/08/01/these-workers-are-saving-the-

maximum-in-their-401k-plans.html.

第 18 章 --

- "Fidelity Announces Q1 2018 Retirement Data: Saving Rates Hit Record High and Account Balances Continue to Increase Over Long term." Fidelity. May 2018. https://newsroom. fidelity.com/press-releases/news-details/2018/Fidelity-Announces-Q1-2018-Retirement-Data-Saving-Rates-Hit-Record-High-and-Account-Balances-Continue-to-Increase-Over-Long-Term/default.aspx.

第 19 章 --

- *Falling Short: The Coming Retirement Crisis and What to Do About It.* Charles Ellis. Oxford University Press. 2014.

第 20 章 --

- "Historical Background And Development Of Social Security." Social Security Administration. https://www.ssa. gov/history/briefhistory3.html#:~:text=The%20Social%20 Security%20Act%20was,a%20continuing%20income%20 after%20retirement.
- "Social Security Replacement Rates and Other Benefit

Measures: An In-Depth Analysis." Congressional Budget Office. 2019. https://www.cbo.gov/system/files/2019-04/55038-SSReplacementRates.pdf.

第21章 --

- "More isn't always better." Barry Schwartz. Harvard Business Review. June 2006. https://hbr.org/2006/06/more-isnt-always-better.
- "How 403(b) Plans are Wasting Nearly $10 Billion Annually, and What Can Be Done to Fix It." Daniel Pawlisch and William Ryan. Aon Hewitt Consulting. January 2016. https://www.aon.com/attachments/human-capital-consulting/how-403b-plans-are-wasting-nearly-10billion-annually-whitepaper.pdf.

結論 --

- *Fewer, Richer, Greener.* Laurence Siegel. Wiley. 2019

BIG 383

把小錢滾成大財富：愈早看破愈早財務自由的存錢迷思

作　　者－班・卡爾森（Ben Carlson）
譯　　者－陳正芬
主　　編－陳家仁
編　　輯－黃凱怡
企　　劃－藍秋惠
協力編輯－吳紹瑜
封面設計－木木 Lin
內頁設計－李宜芝

總 編 輯－胡金倫
董 事 長－趙政岷
出 版 者－時報文化出版企業股份有限公司
　　　　　108019 台北市和平西路三段 240 號 4 樓
　　　　　發行專線－(02)2306-6842
　　　　　讀者服務專線－ 0800-231-705・(02)2304-7103
　　　　　讀者服務傳真－ (02)2304-6858
　　　　　郵撥－ 19344724 時報文化出版公司
　　　　　信箱－ 10899 臺北華江橋郵局第 99 信箱
時報悅讀網－ http://www.readingtimes.com.tw
法律顧問－理律法律事務所 陳長文律師、李念祖律師
印　　刷－勁達印刷有限公司
初版一刷－ 2022 年 5 月 6 日
初版二刷－ 2022 年 5 月 13 日
定　　價－新台幣 350 元
（缺頁或破損的書，請寄回更換）

時報文化出版公司成立於一九七五年，
並於一九九九年股票上櫃公開發行，於二〇〇八年脫離中時集團非屬旺中，
以「尊重智慧與創意的文化事業」為信念。

把小錢滾成大財富：愈早看破愈早財務自由的存錢迷思 / 班 . 卡爾森 (Ben Carlson) 作 ; 陳正芬
譯 . -- 初版 . -- 臺北市 : 時報文化出版企業股份有限公司 , 2022.05
208 面 ; 14.8 x 21 公分 . -- (Big ; 383)

譯自：Everything you need to know about saving for retirement

ISBN 978-626-335-228-5(平裝)

1. 理財 2. 投資 3. 儲蓄

563　　　　　　　　　　　　　　　　　　　　　　　　　　　　111004087

ISBN 978-626-335-228-5
Printed in Taiwan